軍縮用語辞典〔日本語版〕

ドイツ連邦共和国外務省 編

田 沢 五 郎 訳編

W DE G ヴァルター・デ・グロイター社（ベルリン／ニューヨーク）

CIP-Titelaufnahme der Deutschen Bibliothek

Gunshuku-yōgo-jiten = Disarmament terminology / Doitsu-Rempō-Kyōwakoku-Gaimushō. [Transl. into Japan by Goro Tazawa]. – Nihongo-ha. – Berlin ; New York : de Gruyter, 1988
ISBN 3-11-009883-0
NE: Tazwa, Gorō [Übers.] ; Deutschland <Bundesrepublik> / Auswärtiges Amt ; PT

Translated into Japanese by Goro Tazawa

Walter de Gruyter & Co., 1000 Berlin 30

日本語版訳編者より

◆本書は、「ドイツ連邦共和国外務省語学業務部編 専門用語シリーズ第１巻：軍縮用語集」(ヴァルター・デ・グロイター社発行、1982年)の公式日本語訳である。原書は、国連の英仏西露4か国語軍縮用語集 (United Nations Terminology Bulletin No.310, 1978) を底本とし、同外務省が同国防省の協力を得て公式ドイツ語訳を施し、５か国語対訳形式で公刊したものである。原書の正式タイトルは、英語およびドイツ語でそれぞれ下記のとおりとなっているが、この日本語訳の部のタイトルは、便宜上「ドイツ連邦共和国外務省編 軍縮用語辞典[日本語版]」とした。

[英] Terminological Series issued by the Foreign Office of the Federal Republic of Germany, Volume 1:
"Disarmament Terminology" compiled by the Language Services Division of the Foreign Office of the Federal Republic of Germany,
Walter de Gruyter, Berlin / New York, 1982.

[独] Terminologische Schriftenreihe, herausgegeben vom Auswärtigen Amt der Bundesrepublik Deutschland, Band 1:
"Terminologie der Abrüstung" zusammengestellt vom Sprachendienst des Auswärtigen Amts der Bundesrepublik Deutschland,
Walter de Gruyter, Berlin / New York, 1982.

◆原書は、見出し語２４５９項目からなっているが、そのうち単に他項目の参照を指示するだけのものについては、日本語訳の部では掲出を省略し、☆印を付けてある。

◆収録項目は、国際法学・原子力工学・地震学・軍事学など、いずれも高度に専門的な諸分野に関連しているので、日本語訳にあたっては、できるだけ各界の制定ないし公認術語や慣用表現などの有無に注意を払った。ただし、それらに準拠した場合でも、スタイル整合の都合上、文字づかいの面で多少手を加えた個所があることをお断りしておく。

◆原書のテキストに対応する日本語訳の選定にあたり、原書５か国語の内容又は表現の相互間に若干の差異がある場合は、原則として、英語テキストに準拠しながら、ドイツ語テキストによって調整し、必要に応じて、他の３か国語テキストをも参考にした。

◆国際機構・会議・条約名など：
原則として、正称（または全称）の公定訳（または準公定訳）を優先採用し、略称・通称が一般になじんでいるときは、［略：ＯＯＯＯ］として併示した。

◆会議・条約などの関係国・年月日・地名：
原書では、英語テキストにのみ付記され、他の４か国語テキストには省略されている。それらは、日本語訳でも省略したので、必要な場合は、英語テキストを参照されたい。

◆使用漢字と送り仮名：
ワープロやパソコンの普及につれ、ＪＩＳ漢字が従来の常用漢字の枠を超えて、社会生活の基本用字となりつつある情勢を踏まえ、ＪＩＳ第１水準および第２水準の漢字を使用範囲の目安とした。また送り仮名については､現行の「送り仮名の付け方」（昭和４８年６月、内閣告示）に拠った。ただし、同告示が許容事項として送り仮名を「省くことができる」としているものについては、本書では「省かない」方針をとった。

◆記号の意味：

（　）　省略可能な語句を示す。ただし、略語の併示または説明語句の挿入のために用いたところも一部にある。

［　］　直前部分と交換可能な語句を示す。

※　訳編者がつけた注記（原書にはない）。

☆　他項目参照（説明前出）。

◆キーワード一覧表：
これには、本書に使用されている日本語キーワード(基本・重要・頻出語彙)約１０００語が含まれている。すなわち、おおまかにいえば、本書の日本語訳見出し語は、漢字を主体とするこれら約１０００語のコンビネーションから成り立っており、それ以外の語の出現頻度はきわめて低い。このような状況から、本書を外国人有識者にも利用しやすいものとするため、さしあたり「日本の義務教育修了程度の識字レベルにある外国人」を目標に想定し、こうした語彙の一覧表を提供してはどうかとのアイディアが、ドイツ側関係者の間から提起された。それに応えて訳編作業の最終段階で、これら約１０００語を五十音順に配列し、その読み方を平仮名で示したものが、この「キーワード一覧表」である。

◆索引：
漢字･仮名の見出し語は、五十音順に配列し、それらはさらに清音･濁音･半濁音の順序に、また直音・促音・拗音の順序になっている。 外来語には片仮名を用い、その長音「ー」は、それぞれ「あ・い・う・え・お」と同等とみなした（すなわち「アー」は「ああ」、「イー」は「いい」、「ウー」は「うう」、「エー」は「ええ」、「オー」は「おお」の位置に置いてある)。ただし、欧字で始まる見出し語は、索引の末尾に一括し、ＡＢＣ順に配列した。

◆終わりに臨んで：
訳編作業の過程では、とりわけ「文部省学術用語集・地震学編」(日本学術振興会)、「国際条約集」(有斐閣)、「基本条約・資料集」(有信堂)、「解説条約集」(三省堂) および「英和・和英　最新軍事用語辞典」(三修社) をはじめとする多数の文献を参考にさせていただいた。また、在日ドイツ連邦共和国大使館の防衛専門スタッフの方々は、ご多忙な毎日にもかかわらず、拙訳の一字一句にいたるまで厳密な校閲を加えてくださった。このページをお借りして、関係各位に厚くお礼を申し上げたい。末筆ながら、しかし一層の敬意をもって、本書実現の推進者である同大使館のＷ．シュルテ博士から寄せられた友情と、同じくＲ．トークラ氏のご尽力に、心からの感謝を捧げたい。わけてもトークラ氏は、その東洋語学に関する深い学識と、コンピューター編集の優れた技術を、終始惜しみなく提供してくださった。このことが訳編者にとってなによりの励ましであったことを、ここに特筆しなければならない。

昭和６２年秋冷　　　　　　　　　　田 沢　五　郎

［訳編者紹介］
昭和４年東京生まれ。２７年東京大学文学部西洋史学科卒業、同年読売新聞社入社。編集局外報部勤務などをへて、４１年ドイツ連邦共和国ボン支局長に就任。欧州１０余か国で報道活動ののち４５年帰国。本社社長直属国際経済協力委員会事務局長、調査研究本部主任研究員、読売国際経済懇話会事務局長などを歴任、５９年退職。現在玉川大学・東海大学・麗沢大学各講師。編著書に「世界の中のドイツと日本」(読売新聞社)、訳書に「ニッポン商法 作法とタブー」(Ｈ．Ｆ．ユング著、東洋経済新報社)などがある。

住所：〒188 東京都田無市芝久保町4丁目4-4 B-523

目 次

0001 ☆

0002 ☆

0003 ☆

0004 ☆

0005 ☆

0006 ☆

0007 ☆

0008 ☆

0009 絶対兵器

0010 ☆

0011 偶発戦争

0012 射撃精度

0013 ☆

0014 ☆

0015 ☆

0016 音響探知器

0017 音響自動追尾魚雷、音響ホーミング魚雷

0018 音波

0019 侵略行為

0020 ☆

0021 現役に編入する、戦列に配置する、(部隊に)戦時編成を施す; 放射能を与える、放射化する; 活性化する

0022 活性状態［活性化、放射化］検知物質、放射化探知器

0023 実働部隊

0024 積極抑止（力）

0025 積極電子対策、積極電子妨害 ※敵のレーダーに対する目つぶしなど

0026 アクティブ［能動］ホーミング誘導

0027 ☆

0028 発動地雷

0029 ☆

0030 平和的目的のための核爆発に関する特別諮問グループ ［略：平和目的核爆発特別諮問グループ］

0031 インド洋（に関する）アドホック委員会

0032 軍縮の分野における国連の役割のレビュー［再検討］に関するアドホック委員会

0033 世界軍縮会議に関するアドホック委員会

0034 非核（武装）地帯［地域］問題の検討のための有資格政府派遣専門家アドホック・グループ

0035 地震事象の探知及び識別のための国際協力措置を考慮するための科学専門家アドホック・グループ

0036 ラテン・アメリカにおける核兵器の禁止に関する条約［略：ラテン・アメリカ非核地域条約、トラテロルコ条約］追加第1議定書

0037 適切な保障措置を伴う軍縮

0038 射撃の修正、修正射

0039 前進早期警報［警戒］用レーダー

0040 （米国防総省）高等研究計画局

0041 ☆

0042 航空機乗っ取り、航空機ハイジャック

0043 空中査察

0044 哨戒機、索敵機

0045 空中偵察

0046 空力揚力

0047 ☆

0048 ラテン・アメリカ核兵器禁止機関

0049 戦争[戦闘](用)剤

0050 ☆

0051 ☆

0052 侵略意図

0053 侵略戦争

0054 協定兵力水準

0055 協定軍備水準

0056 協定による核兵器制限［限度］(量)

0057 協定による縮小[削減]

0058 核戦争の突発の危険を低減する措置に関する協定 ［略:米ソ偶発戦 争防止協定］

0059 核兵器の偶発的又は不正規使用の防止に関する協定 ［略:仏ソ偶発核使用防止協定］

0060 公海及びその上空における偶発的事故の防止に関する協定 ［略:米ソ公海事故防止協定］

0061 核戦争の防止に関する協定 ［略:米ソ核戦争防止協定］

0062 宇宙飛行士の救助、宇宙飛行士の送還及び宇宙空間に打ち上げられた物体の返還に関する協定 ［略:宇宙救助返還協定］

0063 ☆

0064 ☆

0065 航空基地

0066 航空カメラ

0067 航空統制班

0068 航空統制網

0069 (航空機による)上空掩護

0070 ☆

0071 防空

0072 空軍

0073 ☆

0074 航空兵站支援

0075 空中観測、空中[航空]偵察

0076 航空写真

0077 哨戒機、索敵機

0078 空域

0079 航空打撃

0080 航空支援

0081 絶対的航空優勢(度)[優位]

0082 エア・タスクフォース、航空任務[機動]部隊、航空臨時作戦部隊

0083 領空監視

0084 空気始動式点火装置

0085 空挺、空輸; 在空、航空機搭載

0086 空中待機

0087 空挺機動部隊

0088 航空機搭載レーダー/空中警戒管制システム

0089 空挺部隊

0090 空中[航空機搭載]警戒管制システム

0091 空中破裂

0092 ☆

0093 ☆

0094 航空機誘導射撃統制

0095 航空母艦、空母

0096 兵器空輸システム

0097 空中投下

0098 ☆

0099 空挺堡

0100 空中発射プラットフォーム

0101 空中発射弾道弾、空中発射弾道ミサイル

0102 空中発射巡航ミサイル、空中発射クルーズ・ミサイル

0103 空輸

0104 空輸する

0105 空域管制

0106 空対空ミサイル

0107 空対地空力ミサイル

0108 空対地弾道弾、空対地弾道ミサイル

0109 空対地ミサイル

0110 ☆

0111 ☆

0112 ☆

0113 ☆

0114 ☆

0115 ☆

0116 全面核戦争

0117 全面戦争

0118 全天候航空機

0119 全天候迎撃[要撃]機

0120 全天候偵察

0121 代替飛行場、予備飛行場

0122 ☆

0123 ☆

0124 ☆

0125 ☆

0126 弾薬

0127 弾薬輸送船

0128 上陸作戦用舟艇

0129 拡大検証

0130 ☆

0131 振幅スペクトル

0132 ☆

0133 押し波の立ち上がり

0134 ☆

0135 ☆

0136 異常事象

0137 異常運動

0138 南極条約

0139 対空挺地雷原

0140 対空...

0141 高射砲部隊

0142 対空射撃

0143 対空ミサイル

0144 弾道弾迎撃ミサイル発射機、対弾道弾ミサイル発射機

0145 弾道弾迎撃ミサイル、対弾道弾ミサイル

0146 弾道弾迎撃ミサイル体系[システム]、対弾道弾ミサイル体系[システム]

0147 穀類枯死兵器

0148 対兵力...、対戦力...

0149 対兵力兵器、兵力攻撃用兵器

0150 物質破壊兵器

0151 対ミサイル・ミサイル、ミサイル迎撃ミサイル

0152 対ミサイル兵器体系、ミサイル迎撃ミサイル兵器体系

0153 対人地雷

0154 対人兵器

0155 対レーダー・ミサイル

0156 対衛星レーザー光線、衛星攻撃用レーザー光線

0157 対衛星兵器、衛星攻撃用兵器

0158 対艦船ミサイル、艦船攻撃用ミサイル

0159 対潜...、対潜水艦...

0160 対潜フリゲート

0161 対潜ミサイル

0162 対潜ロケット

0163 対潜水艦戦

0164 対戦車...

0165 対戦車射撃

0166 対戦車誘導兵器

0167 対戦車砲

0168 対戦車地雷

0169 対戦車ミサイル

0170 対戦車射撃

0171 ☆

0172 ☆

0173 見掛け到着ベクトル ※「見掛け」は公定学術用語

0174 見掛け速度

0175 ☆

0176 地域爆撃

0177 地域防衛

0178 軍事能力阻害フォールアウト［放射性物質降下］地域

0179 地域目標

0180 ☆

0181 ☆

0182 ☆

0183 兵器産業

0185 軍備休止(協定)、軍備凍結(協定)

0186 武力攻撃

0187 武装作戦機

0188 武力紛争

0190 戦力、兵力；軍隊、部隊

0191 ☆

0192 ☆

0193 武装中立

0194 装甲人員輸送車

0195 装甲部隊輸送車

0196 ☆

0197 軍備管理

0198 ☆

0199 軍備管理軍縮局

0200 ☆

0201 武器輸出入[輸出・輸入]禁止、武器禁輸

0202 武器輸出

0203 ☆

0204 軍備制限

0205 ☆

0206 装備計画

0207 軍備競争

0208 ☆

0209 武器[兵器]販売

0210 装備の安定性

0211 武器[兵器]体系

0212 武器[兵器]売買

0213 陸軍; 方面軍; 軍隊

0214 軍集団

0215 陸軍軽観測ヘリコプター

0216 ☆

0217 群列

0218 ☆

0219 ☆

0220 短・長期体系群列

0221 到着

0222 到着時

0223 到着ベクトル

0224 兵器庫、兵器工場[工廠]、整備補給廠

0225 ☆

0226 砲兵(隊); 砲

0227 ☆

0228 砲兵射撃、砲兵火力

0229 砲兵射撃計画表

0230 砲兵射撃[砲撃]

0231 無地震地帯

0232 ☆

0233 ☆

0234 断面変化

0235 窒息性...

0236 攻撃者、襲撃者

0237 強襲上陸用艦船

0238 上陸用艦船

0239 上陸支援哨戒艇

0240 ☆

0241 ☆

0242 確実[確証]破壊

0243 ☆

0244 不均衡縮小[削減]

0245 ☆

0246 ☆

0247 大気圏内爆発、空中爆発

0248 大気圏内核(兵器)実験

0249 原子砲

0250 原子爆弾

0251 原爆傷害調査委員会

0252 原爆被爆生存者

0253 ☆

0254 原子力委員会

0255 ☆

0256 原子放射線

0257 原子兵器

0258 ☆

0259 ☆

0260 ☆

0261 自動警報(組織、装置)

0262 自動管制装置、自動制御装置

0263 自動探知妨害装置

0264 ☆

0265 方位

0266 自然計数

0267 自然放射線

0268 自然地震雑音

0269 細菌学[生物学](的)兵器、細菌[生物]兵器

0270 ☆

0271 弾道弾、弾道ミサイル

0272 ☆

0273 弾道弾防御組織

0274 弾道弾[搭載]潜水艦

0275 禁止

0276 ☆

0277 ☆

0278 帯域妨害

0279 ☆

0280 戦略攻撃兵器制限交渉の基本原則

0281 戦術[戦場用、戦闘用]核兵器

0282 戦艦

0283 バズーカ砲

0284 バズーカ砲弾

0285 戦争[戦闘](用)生物剤

0286 ☆

0287 生物学戦、生物戦

0288 生物学(的)兵器、生物兵器

0289 ☆

0290 ☆

0291 生物医学用原子炉

0292 黒い箱、ブラックボックス、自動核地震観測装置、核実験探知用封印自動地震計

0293 抹消する、消去する； 遮蔽する； 妨害する

0294　一律[一括]上空飛行許可

0295　爆風

0296　爆風効果

0297　爆風防護

0298　爆風波

0299　爆風兵器

0300　衛星を盲目化する

0301　盲目爆撃地帯

0302　計器飛行

0303　スマート爆弾、誘導爆弾　*レーザー、テレビ等で誘導する

0304　糜爛[びらん]剤

0305　糜爛[びらん]ガス
0306　☆

0307　☆

0308　☆

0309　☆

0310　☆

0311　実体波

0312　実体波マグニチュード

0313　沸騰水型原子炉

0314　☆

0315　投弾点、爆弾投下点

0316 爆撃機

0317 ☆

0318 爆撃

0319 ☆

0320 爆撃地域

0321 爆弾投下ミス

0322 ☆

0323 小型爆弾

0324 仕掛け爆弾

0325 艦首装備ソーナー

0326 ボイコット

0327 平和の破壊

0328 破壊口[突破口]の開設

0329 (衝撃波の)伝搬開始 *1708参照

0330 ☆

0331 橋頭堡

0332 瀬戸際政策

0333 広帯域地震動記録[地震記象]

0334 広帯域地震計

0335 ☆

0336 ☆

0337 余裕距離

0338 ☆

0339 兵力増強

0340 軍事力増強

0341 兵器増強

0342 弾丸、銃弾

0343 ☆

0344 掩蓋陣地、掩蔽壕

0345 軍備(費)負担

0346 ☆

0347 ☆

0348 ☆

0349 ☆

0350 ☆

0351 校正計器；検定計器；目盛り定め計器；弾道諸修正計器

0352 口径、弾径

0353 ☆

0354 ☆

0355 誘導砲弾

0356 ☆

0357 ☆

0358 カプセル

0359 ☆

0360 ☆

0361 貨物輸送ヘリコプター

0362 絨毯[じゅうたん]爆撃

0363 ☆

0364 砲架

0365 輸送車; 輸送機; 航空母艦、空母

0366 ☆

0367 母艦飛行群

0368 空母積載機、艦載機

0369 ☆

0370 (爆発装置の)外被

0371 ☆

0372 ☆

0373 ☆

0374 ☆

0375 ☆

0376 ☆

0377 ☆

0378 射撃 [砲撃] 停止; 停戦

0379 シーリング、上限

0380 ☆

0381 中枢システム

0382 軍縮センター

0383 ☆

0384 ☆

0385 核軍備競争の休止

0386 ☆

0387 ☆

0388 ☆

0389 ☆

0390 帯電(微)粒子

0391 監視所[点]、検問所、チェックポイント

0392 ☆

0393 化学・細菌兵器

0394 化学・生物戦

0395 戦争[戦闘](用)化学剤

0396 化学戦

0397 化学兵器

0398 参謀長、幕僚長

0399 窒息(性)ガス

0400 ☆

0401 染色体異常

0402 (円形) 半数必中界

0403 民間防衛

0404 民間[非軍事的]核施設

0405 民間戦争準備

0406 隠密活動

0407 きれいな(核)兵器

0408 ☆

0409 近接航空支援

0410 近接戦闘

0411 近接支援

0412 近接支援航空機

0413 近接支援射撃

0414 近接フォールアウト [放射性物質降下]

0415 ☆

0416 集束爆弾ユニット

0417 クラスター・ユニット

0418 ☆

0419 ☆

0420 沿岸砲列

0421 沿岸護衛艦

0422 沿岸機雷敷設艦

0423 沿岸(機雷)掃海艇

0424 ☆

0425 コールド・ランチ、冷態発射

0426 冷戦

0427 付随的［副次的、2次的］損害

0428 側面支援措置

0429 集団的措置

0430 集団(的)安全保障

0431 集団的自衛

0432 ☆

0433 戦闘単位、戦闘部隊

0434 戦闘艦艇

0435 混成戦闘群、兵科連合部隊

0436 連合軍 *2国以上の同盟国の部隊によって編成される軍隊

0437 連合軍参謀[幕僚]

0438 砲火を浴びる

0439 総司令官、司令長官

0440 特別(奇襲)攻撃隊(員)、コマンド

0441 コマンド輸送車

0442 工業用[産業用]増殖炉

0443 通常軍備委員会

0444 宇宙空間平和利用委員会

0445 国家の管轄権の範囲を超えた海底の平和利用に関する委員会[略:海底平和利用委員会]

0446 通信センター

0447 ☆

0448 通信衛星

0449 ☆

0450 ☆

0451 包括的軍縮

0452 包括的軍縮計画

0453 包括的軍縮プログラム

0454 包括的核実験禁止

0455 集中射撃[火力]

0456 集中砲撃[砲火]

0457 兵力[部隊]の集中[集結]

0458 衝撃発火爆弾

0459 ☆

0460 核実験停止協定の侵犯探知の可能性を検討する専門家会議 [略:核実験探知専門家会議]

0461 不必要の苦痛を与え又は無差別に効果を及ぼすことがある兵器に関する政府派遣専門家会議

0462 武力紛争において適用される国際人道法の再確認と発展のための政府派遣専門家会議

0463 非核兵器国会議

0464 軍縮委員会会議(CCD) 原注:1979年以後は軍縮委員会(CD)

0465 18か国軍縮委員会会議

0466 ヨーロッパ安全保障協力会議(CSCE)

0467 核兵器実験停止会議

0468 閉じ込め爆発

0469 ☆

0470 対立、対決

0471 徴集兵

0472 軍縮の経済的及び社会的結果に関する専門家諮問グループ

0473 接触枯草剤

0474 連絡班、現地派遣班

0475 牽制[策]、封じ込め[策]

0476 汚染地帯

0478 汚染管理ライン

0479 大陸間伝搬経路 *1708参照

0480 部隊、分遣隊

0481 ☆

0482 レーダー通報・運用システム

0483 ☆

0484 ☆

0485 軍縮管理

0486 管理機関

0487 管理所

0488 管理[統制]システム

0489 (ミサイル等の)制御装置

0490 ☆

0491 統制された対兵力戦

0492 統制された反応[対応]

0493 大陸棚に関する条約 [略:大陸棚条約]

0494 公海に関する条約 [略:公海条約]

0495 原子力船の運用管理者の責任に関する(ブラッセル)条約; 原子力船運航者の責任に関する(ブラッセル)条約 *「ブラッセル」は公定訳の表記、「ブリュッセル」が一般的な書き方。

0496 環境改変技術の軍事的使用その他の敵対的使用の禁止に関する条約

0497 細菌兵器[生物兵器]及び毒素兵器の開発・生産及び貯蔵の禁止並びに廃棄に関する条約 [略:生物兵器・毒素兵器禁止条約]

0498 領海及び接続水域に関する条約 [略:領海条約]

0499 原子力の分野における第三者責任に関する(パリ)条約

0500 核物質の海上運送の分野における民事責任に関する条約

0501 通常[在来型]軍備[装備、兵器]

0502 通常[在来型]兵器備蓄[軍需物資]

0503　通常[在来型]抑止

0504　通常[在来型]作戦部隊

0505　通常[在来型]兵器

0506　通常[在来型]動力潜水艦

0507　☆

0508　☆

0509　時間読み、秒読み

0510　対砲兵射撃

0511　対都市戦略

0512　対都市攻撃

0513　対抑止力(戦略)

0514　対諜報

0515　対兵力攻撃能力、武力破砕攻撃能力

0516　対兵力戦略、武力破砕戦略

0517　対戦略部隊攻撃

0518　対ゲリラ戦

0519　対反乱措置

0520　対反乱作戦

0521　対策、封止策

0522　(電子兵器)対策機

0523　対転覆活動

0524 対価値攻撃能力 *次項参照

0525 対価値攻撃 *非軍事目標ー人口密集地・工業・資源ーなどを破壊するための軍事力の行使

0526 ☆

0527 結合効率

0528 結合媒質

0529 ☆

0530 ☆

0531 掩護射撃

0532 ☆

0533 舟艇

0535 クレーター[隕石孔、火口]状爆発

0536 信頼性

0537 ☆

0538 信頼性ある第1撃能力

0539 移動弾幕射撃

0540 危機予防戦略

0541 識別基準

0542 野外(横断)車両

0543 十字[十字形、交差]群列

0544 横断[渡河、山越え、交差]地点

0545 巡航ミサイル

0546 ☆

0547 巡洋艦

0548 ☆

0549 ☆

0550 ☆

0551 ☆

0552 ☆

0553 ☆

0554 ヘルツ (Hz)

0555 ☆

0556 ☆

0557 (放射能の)崩壊、減衰

0558 (放射能の)崩壊曲線、減衰曲線

0559 (放射能の)崩壊率、減衰率

0560 原子力の分野における第三者責任に関する条約の適用からの少量の核物質の除外についてのヨーロッパ原子力機関運営委員会の決定

0562 アヤクーチョ宣言

0563 宇宙空間の探査及び利用における国家活動を律する法原則の宣言

0564 国家の管轄権の限界を超える海底及びその地下を律する原則の宣言 [略:深海底を律する原則宣言]

0565 非核兵器国会議宣言

0566 インド洋平和地帯宣言

0567 国際連合憲章に従った国家間の友好関係及び協力についての国際法の原則に関する宣言 [略:友好関係宣言、諸国間の友好関係に関する宣言]

0568 アフリカ非核化宣言

0569 国家の国内事項に対する干渉の不容認並びにその独立及び主権の保護に関する宣言

0570 核及び熱核兵器の使用禁止に関する宣言

0571 国際安全保障の強化に関する宣言

0572 平和及び人類の利益のための科学及び技術の進歩の利用に関する宣言 [略:科学・技術平和利用宣言]

0573 除毒剤、汚染除去剤

0574 除毒、汚染除去

0575 ☆

0576 (地下爆発方式による)衝撃緩和秘密(核)実験、減結合秘密(核)実験

0577 (地下爆発方式による)衝撃緩和(核)実験、減結合(核)実験

0578 (地下爆発方式による)衝撃緩和、減結合

0579 偽構築物、囮[おとり]

0580 囮[おとり]船

0581 縦深支援射撃

0582 段階的縮小

0583 ☆

0584 防衛費、防衛支出

0585 縦深防御

0586 防衛用衛星

0587 防衛用補給品

0588 ☆

0589 防衛用戦略核兵器体系

0590 落葉剤、枯葉剤

0591 遅延

0592 遅発放射線効果

0593 ☆

0593 遅滞支援、持久支援

0594 遅延[時限](作動式)爆弾

0595 遅延[時限](作動式)兵器

0596 計画(周密)渡河

0597 運搬手段

0598 ☆

0599 非武装化、非軍事化、軍事施設撤去

0600 海底非武装化、海底非軍事化

0601 非武装地帯

0602 復員、動員解除

0603 爆破実施班

0604 非核化、非核武装化、核武装禁止、核兵器撤去

0605 非核(武装)地帯

0606 ☆

0607 展開; 戦闘配備; 配置

0608 新(型)核弾頭配備

0609 補給所、貯蔵所、デポ

0610 乾燥剤

0611 駆逐艦

0612 ☆

0613 ☆

0614 ☆

0615 爆破装薬

0616 殲滅[撃滅]戦争

0617 探知、検出

0618 ☆

0619 探知追跡能力

0620 探知追跡システム

0621 探知能力

0622 探知キット[器材一式]

0623 探知確率

0624 探知距離[範囲]

0625 探知[検出]システム[体系、組織、装置]

0626 探知[検出]境界域[限界域]

0627 探知器、検出器

0628 ☆

0629 ☆

0630 緊張緩和

0631 ☆

0632 抑止

0633 ☆

0634 抑止能力

0635 ☆

0636 抑止信頼性［確実性］

0637 抑止力

0638 ☆

0639 (兵器の)開発

0640 新(型)核兵器の開発

0641 開発・生産及び備蓄

0642 開発試験

0643 ☆

0644 攻撃(用、型)ディーゼル推進潜水艦

0645 弾道ミサイル(搭載)ディーゼル推進潜水艦

0646 巡航ミサイル(搭載)ディーゼル推進潜水艦

0647 武力紛争において適用される国際人道法の再確認と発展のための外交会議

0648 直接航空支援

0649 直通通信線

0650 直撃(弾)

0651 直接支援

0652 汚い爆弾 *放射性降下物の多い爆弾のこと

0653 ☆

0654 軍備縮小 [略:軍縮]

0655 ☆

0656 軍縮部[局、課]

0657 軍縮協定

0658 軍縮委員会

0659 軍縮委員会

0660 (国連の)軍縮の10年

0661 軍縮の利益配分[恩恵]

0662 軍縮努力

0663 軍縮措置

0664 軍縮交渉

0665 軍縮問題

0666 軍縮問題

0667 ☆

0668 ☆

0669 安全地雷 ＊ 点火経路の連絡を切って作動しないようにされたもの

0670 解隊、解散

0671 停止、中止

0672 核(兵器)実験停止

0673 識別[判別]手段

0674 識別、判別

0675 ☆

0676 識別[判別]境界域

0677 発病性...

0678 兵力引き離し

0679 解体、除去

0680 除去、撤去

0681 ☆

0682 (核兵器の)拡散

0683 震央距離

0684 分布[分配]射撃、地域砲撃

0685 ☆

0686 ☆

0687 牽制攻撃

0688 急降下爆撃

0689 ☆

0690 (放射)線量測定

0691 (目標の)風下に

0692 ☆

0693 新型式の大量破壊兵器及びその新体系の開発及び製造の禁止に関する協定草案

0694 生物学的戦闘方法の禁止のための条約草案

0695 国際安全保障・人類の福祉及び健康と両立しない軍事的及びその他の目的のために環境及び気候に影響を及ぼす行為の禁止に関する条約草案

0696 核兵器の使用の禁止に関する条約草案

0697 厳重な国際管理の下における全面的かつ完全な軍縮に関する条約草案

0698 核兵器実験の完全かつ全面的な禁止に関する条約草案

0699 国際関係における武力の不行使に関する世界条約草案

0700 浮遊機雷

0701 ドローン、無人機[車、船]

0702 無人掃海艇

0703 降下[投下]地帯

0704 ☆

0705 早期警報、早期警戒

0706 早期警報用航空機、早期警戒機

0707 ☆

0708 早期警報[警戒]組織

0709 地表雑音、脈動音、微地殻振動音

0710 ☆

0711 ☆

0712 ☆

0713 ☆

0714 経済動員

0715 経済戦

0716 効果的[有効な、実効ある]国際管理

0717 効果的[有効]保障措置

0718 効果的[有効]に管理された軍縮

0719 ☆

07201 8か国軍縮委員会

0721 電気点火信管

0722 電磁波

0723 対電子対策、対電子妨害 *次項(ECM)に対抗する手段

0724 電子対策、電子妨害 *敵のレーダーに対する目つぶしなど

0725 電子欺瞞

0726 電子点火装置

0727 電子妨害

0728 電子戦装備

0729 ☆

0730 緊急事態[非常事態、有時]訓練

0731 緊急危険

0732 固定式[据え付け式]火炎放射器

0733 (銃砲などの)据え付け、付置; 銃座、砲座

0737 敵

0738 敵の可能行動

0739 ☆

0740 交戦

0741 ☆

0742 ☆

0743 (志願により)兵籍に入る、入隊する

0744 ☆

0745 ☆

0746 濃縮プラント [設備、工場]

0747 環境改変技術

0748 環境戦 *環境に影響を及ぼす戦闘(方法)

0749 震央決定

0750 震央距離

0751 震央

0752 ☆

0753 等価メガトン数、相当メガトン値、メガトン換算値

0754 ☆

0755 ☆

0756 (衝突・紛争の)(段階的)拡大

0757 ☆

0758 護衛哨戒艇

0759 ☆

0760 基本的同等[同等性、同等関係、均衡]

0761 ☆

0762 ヨーロッパ原子力共同体

0763 ヨーロッパ原子力機関

0764 ヨーロッパ合同原子核研究機関 [略:セルン]

0765 隠蔽、回避

0766 隠蔽方法

0767 隠蔽戦術

0768 隠蔽(下の、された)爆発

0769 事象、現象

0770 ☆

0771 射撃交戦

0772 地震学的データ交換

0773 核兵器現存[現有]備蓄

0774 核兵器実験爆発

0775 実験用誘導ミサイル(搭載)艦艇

0776 爆発

0777 ☆

0778 ☆

0779 ☆

0780 ☆

0781 ☆

0782 拡大抑止

0783 ☆

0784 フェールセーフ[故障・誤操作防止]方策

0785 フェールセーフ[過失・誤行動防止]方策

0786 ☆

0788 フォールアウト[放射性物質降下]等強線

0789 フォールアウト[放射性物質降下、放射性降下物]散布型

0790 フォールアウト[放射性物質降下]風向図

0791 高速対潜護衛艦艇

0792 高速護衛艦艇

0793 高速フリゲート

0794 ミサイル搭載高速哨戒艇

0795 高速哨戒艇

0796 高速哨戒艇

0797 高速増殖炉

0798 ☆

0799 ☆

0800 戦闘機

0801 戦闘機による直掩

0802 戦闘爆撃機

0803 迎撃[要撃]戦闘機

0804 ☆

0805 原子力損害に対する民事責任に関する国際会議最終決定書 *1443参照

0806 核物質の海上運送に関する国際法会議最終決定書

0807 非核兵器国会議最終文書

0808 ☆

0809 限定抑止(戦略)

0810 安定翼付発射体、安定翼弾

0811 ☆

0812 火力航空支援

0813 射撃統制、火器管制

0814 ☆

0815 射撃統制レーダー、火器管制レーダー

0816 射撃統制装置、火器管制装置

0817 ☆

0818 火力(量)

0819 ファイアーストーム、火事場風 *焼夷弾や核爆弾などによる大火によって引き起こされる激しい風。雨を伴うこともある

0820 射撃；点火、発火；発射

0821 初動、初発振動

0822 第1撃

0823 第1撃能力

0824 第1撃戦略

0825 核分裂

0826 核分裂物質

0827 ☆

0828 固定発射パッド

0829 火炎放射器

0830 ☆

0831 火炎放射器用油液［燃料］

0832 側面防護射撃

0833 照明弾

0834 艦隊護衛(艦艇)

0835 艦隊給油船［油槽船］

0836 柔軟反応［対応］(戦略)

0837 ☆

0838 ☆

0839 ☆

0840 ☆

0841 ☆

0842 前方防衛(戦略)

0843 前進基地組織、前方配備兵器体系

0844 ☆

0845 部分軌道爆撃システム

0846 ☆

0847 ☆

0848 破片手榴弾

0849 破片砲弾

0850 破片兵器

0851 自由投下、直接投下 *航空機から落下傘を使わずに装備や補給品を投下すること

0852 自由ロケット ※「自由」とは誘導・制御を受けないこと

0853 ☆

0854 潜水作業員

0855 ☆

0856 燃料サイクル

0857 ☆

0858 ☆

0859 気化(燃料)爆弾

0860 燃料補給車

0861 ☆

0862 核融合

0863 ☆

0864 ☆

0865 ガンマ線

0866 ☆

0867 間隙閉塞レーダー

0868 ☆

0869 ガス雲

0870 ガス戦

0871 防毒設備...

0872 ☆

0873 ☆

0874 遺伝子突然変異

0875 全面的かつ完全な軍備縮小［略:全面完全軍縮］

0876 効果的な国際管理の下における全面的かつ完全な軍備縮小 ［略:有効な国際管理下の全面完全軍縮］

0877 厳重な国際管理の下における全面的かつ完全な軍備縮小［略:厳重な国際管理下の全面完全軍縮］

0878 一般用車両、多目的車両［俗:ジープ］

0879 一般参謀、一般幕僚

0880 遺伝的損害

0881 遺伝的放射線過敏性

0882 遺伝学的[上]有意義的(放射)線量

0883 戦地にある軍隊の傷者及び病者の状態の改善に関する1949年8月12日のジュネーヴ条約（第1条約）

0884 海上にある軍隊の傷者・病者及び難船者の状態の改善に関する1949年8月12日のジュネーヴ条約（第2条約）

0885 戦時における文民の保護に関する1949年8月12日のジュネーヴ条約(第4条約)

0886 捕虜の待遇に関する1949年8月12日のジュネーヴ条約（第3条約）

0887 1949年のジュネーヴ諸条約

0888 細菌戦

0889 ☆

0890 10億ヘルツ

0891 (航空機又はミサイルの)滑空[滑降]経路

0892 ☆

0893 ☆

0894 段階的抑止(戦略)

0895 ☆

0896 接地射、接地射撃

0898 グリッド指示 *グリッドは地図の碁盤目、方眼

0899 地上攻撃、(空)対地攻撃

0900 地上攻撃機、(空)対地攻撃機

0901 地上爆発

0902 地上誘導着陸装置、着陸誘導管制装置

0903 地上誘導迎撃、迎撃管制

0904 ☆

0905 対地支援(用)航空機

0906 地対空ミサイル

0907 地対地弾道戦術ミサイル

0908 地対地誘導兵器体系

0909 地対地ミサイル

0910 地対地サイロ[格納庫]発射弾道ミサイル

0911 ゼロ地点、核爆心直下地点

0912 群[集合]爆発

0913 軍備競争及び軍事支出の経済的及び社会的影響に関する諮問専門家グループ

0914 軍事予算削減に関する諮問専門家グループ

0915 軍縮の経済的及び社会的結果に関する専門家グループ

0916 核技術・物質輸出国グループ

0917 ☆

0918 ゲリラ兵、遊撃隊員

0919 ゲリラ戦

0920 ☆

0921 誘導ジャイロスコープ

0922 誘導装置、誘導システム

0923 誘導ミサイル

0924 ☆

0925 誘導ミサイル（搭載）駆逐艦

0926 誘導ミサイル(搭載)フリゲート

0927 ☆

0928 誘導兵器

0929 ☆

0930 ☆

0931 誘導装置

0932 ☆

0933 砲架、砲架車

0934 砲艦

0935 ☆

0936 ☆

0937 (放射性物質の)半減期

0938 擾乱射撃

0939 強化ミサイル基地

0940 硬岩

0941 強化陣地

0942 応急防御

0943 危険性

0944 ☆

0945 放射線の危険性

0946 ミサイルの弾頭

0947 前進[前方]指揮所

0948 後方指揮所

0949 化学·生物兵器の衛生的側面 *世界保健機関(WHO)諮問グループ報告書

0950 ☆

0951 重砲、重砲兵(隊)

0952 重爆撃機

0953 重機関銃

0954 重ミサイル

0955 重戦車

0956 重水炉

0957 測高レーダー

0958 ☆

0959 ヘリコプター

0960 ヘリ(コプター)空母、ヘリ(コプター)母艦

0961 枯草剤

0962 ☆

0963 ヘルツ

0964 隠蔽[秘密]貯蔵

0965 高振幅

0966 高性能爆弾

0967 高性能砲弾

0968 高[低]高度防御用機上レーダー・システム

0969 高度技術、先端技術

0970 高性能対戦車発射体、対戦車榴弾

0971 高域フィルター

0972 高速発射体

0973 高出力[高爆発力](核)実験

0974 ハイジャック犯人、乗っ取り犯人

0975 ☆

0976 命中

0977 ☆

0978 待機停泊所

0979 穴; 裂け目; くぼみ、

0980 ...をホーミング[自動追尾]する

0981 ホーミング[自動追尾]装置

0982 ☆

0983 ホーミング[自動追尾]誘導

0984 ☆

0985 ☆

0986 ☆

0987 水平拡散

0988 水平(動)地震計

0989 ホット・スポット ※放射線汚染地域内で汚染度が特に高い地区

0990 榴弾砲、曲射砲

0991 ☆

0992 ☆

0993 ☆

0994 武力紛争に関する人道的諸規則

0995 ☆

0996 ☆

0997 ☆

0998 水中翼(船､艇)

0999 水素爆弾、水爆

1000 ☆

1001 ☆

1002 ☆

1003 ☆

1004 ☆

1005 ☆

1006 識別

1007 識別能力

1008 識別確率[可能性]

1009 識別技術

1010 識別境界域、識別可能性分岐点

1011 ☆

1012 ☆

1013 ☆

1014 照明弾

1015 被弾地、弾着地域

1016 着発信管

1017 圧縮兵器、内向爆発兵器

1018 ☆

1019 無能力化剤

1020 焼夷弾

1021 焼夷兵器

1022 ☆

1023 ☆

1024 非耐圧性岩石

1025 独自[独立的]抑止力

1026 個別的自衛

1027 ☆

1028 慣性誘導装置

1029 ☆

1030 ☆

1031 感染性一定量[単位量]

1032 浸透；侵入；潜入

1033 侵入[潜入]者

1034 ☆

1035 赤外線ホーミング[自動追尾]装置

1036 赤外線センサー[探知装置]

1037 赤外線テレビ

1038 固有の自衛権

1039 ☆

1040 初度交付[補給]

1041 初期放射線

1042 沿岸掃海艇

1043 査察

1044 ☆

1045 要請による査察

1046 軍縮査察

1047 監視所

1048 査察制度

1049 ☆

1050 即効性剤

1051 ☆

1052 計器着陸誘導方式[装置]

1053 ☆

1054 情報

1055 ☆

1056 軍備拡大[拡張]競争の激化

1057 ☆

1058 迎撃、要撃

1059 ☆

1060 迎撃[要撃]機

1061 ☆

1062 迎撃[要撃]用航空機

1063 迎撃[要撃]ミサイル

1064 大陸間弾道弾[弾道ミサイル] *射程距離4000マイル(6400キロメートル)以上の長距離戦略ミサイル

1065 大陸間ミサイル

1066 ☆

1067 阻止射撃

1068 干渉地震

1069 戦略的攻撃兵器の制限についてのある種の措置に関する暫定協定 [略:(第1次)(米ソ)戦略兵器制限(交渉)暫定協定、SALT I 協定]

1070 中距離弾道弾[弾道ミサイル] *射程距離1500-4000マイル(2400-6400キロメートル)で、ICBMより短く、MRBMより長い。1248参照

1071 国際原子力機関

1072 国際原子力機関保障措置制度

1073 国際放射線防護委員会

1074 国際放射線単位測定委員会

1075 赤十字国際委員会

1076 原子力損害に対する民事責任に関する国際会議 *1443参照

1077 国際原子力・核燃料サイクル会議

1078 原子力の平和利用に関する国際会議 [略:国際原子力平和利用会議]

1079 原子力国際管理

1080 国際軍縮機構

1081 国際紛争

1082 国際人道法

1083 国際戦略研究所

1084 核物質の海上運送に関する国際法会議

1085 国際核燃料サイクル評価

1086 国際原子力情報システム

1087 国際の平和及び安全

1088 国際地震学センター

1089 国際管理査察制度

1090 国際緊張

1091 国際高速原子炉研究グループ

1092 干渉[介入]能力

1093 戦争間[戦中]抑止

1094 ☆

1095 イオン化放射線

1096 ☆

1097 ☆

1098 ☆

1099 ☆

1100 妨害、ジャミング

1101 ☆

1102 ジェット(航空)機

1103 兵器共同生産協定

1104 共同諮問委員会

1105 軍縮交渉のための協定諸原則に関する共同声明

1106 要点

1107 緊要地形

1108 命中公算

1109 キラー衛星、衛星破壊[迎撃]衛星

1110 キロトン *TNT火薬1000トン相当の出力

1111 キロトン核兵器 *1～999キロトンの出力を持つ核兵器

1112 拒馬、防御柵

1113 ☆

1114 ☆

1115 ☆

1116 地雷

1117 陸上基地大陸間ミサイル

1118 上陸部隊

1119 ☆

1120 ☆

1121 陸・海・空組織

1122 大群列

1123 レーザー(光線)

1124 ☆

1125 レーザー測距器

1126 レーザー技術

1127 ☆

1128 発射[打ち上げ]用運搬手段

1129 発射[打ち上げ]機

1130 ☆

1131 発射[打ち上げ]用航空機

1132 発射[打ち上げ]設備

1133 ☆

1134 発射[打ち上げ]パッド

1135 発射[打ち上げ]台

1136 発射[打ち上げ]レール

1137 発射[打ち上げ]ランプ

1138 発射[打ち上げ](陣)地

1139 地雷[機雷]を敷設する

1140 ☆

1141 交互前進

1142 宇宙法律小委員会

1143 致死性化学剤

1144 致死性放射線量

1145 致死性兵器

1146 致死性、致死力、致死作用

1147 放射能レベル

1148 解放地域

1149 解放戦争

1150 軽対戦車兵器

1151 軽爆撃機

1152 軽微な射撃[砲火]

1153 軽火器

1154 軽機関銃

1155 軽機関銃射撃

1156 軽戦車

1157 軽水炉

1158 ☆

1159 攻撃用及び防御用戦略核兵器体系の制限

1160 ☆

1161 限定核反応

1162 限定核報復

1163 限定戦略戦争

1164 ☆

1165 一線防御

1166 積載[搭載]地域

1167 局地的フォールアウト[放射性物質降下]

1168 局地的限定目標

1169 位置、所在

1170 位置誤認、位置測定誤差

1171 ☆

1172 位置測定境界域[可能性分岐点]

1173 兵站地域 *「兵站」の意味は後出1179参照

1174 兵站評価

1175 兵站費用

1176 兵站支援船舶

1177 兵站支援

1178 ☆

1179 兵站学、兵站業務 *「兵站」[ロジスティックス]とは作戦行動用物流管理のこと

1180 ☆

1181 ロンドン・クラブ

1182 長距離戦略偵察機

1183 長周期地震計

1184 長周期波(動)

1185 長距離対空監視

1186 長距離対空監視レーダー

1187 長距離弾道弾[弾道ミサイル]

1188 長距離フォールアウト[放射性物質降下、放射性降下物]

1189 ラブ波 *表面波の一種

1190 低結合媒質

1191 微光[低光量]カメラ

1192 低域フィルター

1193 低毒性成分

1194 低出力[低効力]爆発

1195 ☆

1196 肺刺激剤

1197 待ち伏せ

1198 マッハ・フロント、マッハ前線 ＊次項1199参照

1199 マッハ・ステム ※核爆発衝撃波。マッハ・フロント［マッハ前線］とも呼ばれる

1200 機関銃

1201 ☆

1202 機関銃連射

1203 機関銃射撃

1204 ☆

1205 弾倉

1206 拡大；倍率

1207 規模指数［マグニチュード］

1208 規模指数［マグニチュード］境界域

1209 主抵抗線

1210 均衡を維持する

1211 整備修理用舟艇

1212 国際の平和及び安全の維持

1213 補給整備艦［船］

1214 整備補給品

1215 整備（部）隊

1216 主要兵器

1217 強制的武器輸出入禁止[禁輸]

1218 有人陣地

1219 機動再突入運搬手段

1220 マン・ラド、人ラド ※1人あたり1ラドの放射線照射量[吸収線量]

1221 ☆

1222 ☆

1223 ☆

1224 ☆

1225 大量破壊

1226 ☆

1227 大量[大規模]核攻撃

1228 大量報復

1229 基本事象

1230 適切[適合]反応

1231 最大有効射程

1232 最大許容放射線量

1233 mb(Ms)方式

1234 ☆

1235 ☆

1236 運搬[投射]手段

1237 ☆

1238 安全保障強化(に関する)措置

1239 測定計器

1240 機械化歩兵

1241 機械化上陸用舟艇

1242 機械化部隊

1243 半数致死量 *全身に浴びた人員の50%が死亡する放射線や化学剤の量

1244 衛生部隊

1245 内部放射線量医学委員会 *「内部放射線」とは、体内に入った放射性物質から発する放射線

1246 中型爆撃機

1247 中(型)機関銃

1248 準中距離弾道弾[弾道ミサイル] ※射程距離500-1500マイル(800-2400キロメートル)で、IRBMとSRBMの中間。1070参照

1249 準中距離地対空兵器体系

1250 中型戦車

1251 遭遇戦

1252 メガトン ※TNT火薬100万トン相当の出力

1253 メガトン核兵器 *メガトンを単位として測る出力を持つ核兵器

1254 ☆

1255 メガワット、 100万ワット、 1000キロワット

1256 アメリカ合衆国とソヴィエト社会主義共和国連邦との間の直通通信線設置についての了解に関する覚書[略:米ソ・ホットライン協定]

1257 ☆

1258 ☆

1259 ☆

1260 微生物剤

1261 微生物

1262 脈動[ミクロサイスミック]雑音

1263 中期コース誘導、飛翔中の誘導

1264 軍縮の10年中期レビュー［再検討、見直し］

1265 非核(武装)地帯、核武装禁止地帯[地域]

1266 ☆

1267 副官

1268 軍事同盟

1269 軍事予算配分[割り当て]

1270 軍事援助計画

1271 軍事基地

1272 軍事ブロック

1273 軍事計画

1274 軍事予算

1275 ☆

1276 軍事力増強

1277 軍事能力

1278 軍事的緊張緩和

1279 軍事工学[技術]、工兵学[技術]

1280 装備品、軍用器材

1281 軍事支出及び予算

1282 軍事施設

1283 ☆

1284 軍事目標

1285 軍事要員

1286 ☆

1287 軍事的潜在能力[可能性]、軍事(能)力

1288 軍事支出

1289 軍事参謀委員会　*国連安全保障理事会の下部機関

1290 ☆

1291 軍事技術

1292 ☆

1293 産軍複合体

1294 (陸では)地雷；(海では)機雷

1295 ☆

1296 (陸では)地雷清掃[除去]；(海では)機雷清掃[除去]、掃海

1297 機雷対策艦艇

1298 地雷[機雷](による)防護

1299 ☆

1300 ☆

1301 地雷敷設地帯の間隙

1302 地雷敷設地帯標識

1303 機雷掃海艇

1304 機雷敷設艦艇

1305 ☆

1306 ☆

1307 掃海艇、機雷清掃[除去]艦艇

1308 ☆

1309 小型化

1310 小型核兵器

1311 副次兵器

1312 ☆

1313 MIRV装備、MIRV化

1314 ミサイル

1315 ☆

1316 ミサイル基地

1317 ミサイル搭載艦艇

1318 ミサイル・サイト・レーダー

1319 ミサイル・システム

1320 ☆

1321 戦闘中[行動中]行方不明(者)

1322 ☆

1323 混合事象

1324 機動防御

1325 機動地上査察

1326 機動発射台

1327 中程度の危険

1328 新大型弾道弾[弾道ミサイル]

1329 新[近代]兵器

1330 モロトフ・カクテル爆弾、火炎瓶爆弾

1331 モニター、傍受、監視

1332 ☆

1333 モニター設備[施設]

1334 モニター計器

1335 ☆

1336 爆発の監視

1337 掃討作戦

1338 モラトリアム、一時停止、延期

1339 新型攻撃用及び防御用戦略核兵器体系の実験及び配備に関するモラトリアム

1340 迫撃砲

1341 ☆

1342 迫撃砲弾

1343 迫撃砲射撃[発射]

1344 敵迫撃砲位置探知レーダー

1345 迫撃砲射撃

1346 迫撃砲弾

1347 ☆

1348 哨戒艇、巡視艇

1349 砲架

1350 ☆

1351 移動目標

1352 ☆

1353 ☆

1354 ☆

1355 ☆

1356 多重群列分析

1357 多数国間(核)燃料サイクル・センター

1358 多重経路位置測定[方向探知]

1359 多源[多重、複合]爆発

1360 多弾頭個別目標再突入運搬手段

1361 多弾頭再突入運搬手段

1362 多重化; 多重送信

1363 多目的[多用途]レーダー

1364 多目的作戦機

1365 軍需品[弾薬]臨時集積所

1366 突然変異誘発性...

1367 ☆

1368 ☆

1369 相互援助

1370 (中部ヨーロッパ) 相互均衡兵力削減

1371 相互確実[確証]破壊

1372 相互縮小[削減]

1373 相互に受諾可能な決定

1374 初速

1375 ☆

1376 ナパーム ※ガソリンの濃化ゼリー状燃料

1377 ナパーム及びその他の焼夷兵器並びにその使用のすべての局面 (国連事務総長報告書)

1378 ナパーム爆弾

1379 ナパーム爆撃

1380 国防

1381 国家安全保障

1382 ☆

1383 ☆

1384 航法レーダー、航路誘導レーダー

1385 ☆

1386 ☆

1387 無視し得る危険

1388 ☆

1389 腎臓障害毒性

1390 神経ガス

1391 ☆

1392 ☆

1393 ☆

1394 制圧[無力化]射撃

1395 中性子爆弾

1396 中性子装薬

1397 中性子弾頭

1398 中性子誘発放射能

1399 ネバダ核(兵器)実験場

1400 新ウラン濃縮技術

1401 窒素マスタード、窒素イペリット

1402 ☆

1403 希ガス

1404 都市回避戦略、対兵力戦略

1405 射撃禁止線

1406 ☆

1407 名目核兵器

1408 不侵略、不可侵...

1409 非中枢システム

1410 核兵器不拡散、核兵器拡散防止

1411 ☆

1412 非核国

1413 非核兵器国 *1504参照

1414 不拡散、拡散防止

1415 核兵器不拡散[拡散防止]

1416 核兵器の不拡散に関する条約 [略:核拡散防止条約]

1417 非地震学的方法

1418 非毒性成分

1419 武力不行使

1420 焼夷兵器不使用

1421 非兵器目的; 非軍事目的

1422 北大西洋条約

1423 北大西洋条約機構(NATO)

1424 (ロケット等の)円錐頭、ノーズコーン

1425 ☆

1426 核拡散防止条約レビュー[再検討]会議

1427 ☆

1428 核空中破裂、空中核爆発

1429 核弾薬

1430 核軍備、核装備、核武装

1431 ☆

1432 核軍備管理交渉

1433 核軍備競争

1434 ☆

1435 核兵器備蓄

1436 核攻撃

1437 核・細菌・化学剤

1438 核電撃戦

1439 核能力

1440 核大災害、核破局

1441 核クラブ、核兵器(保有)国群

1442 核紛争、核衝突

1443 原子力損害 *国際法用語。0805・1076参照

1444 核防護、対核兵器防護

1445 核運搬手段

1446 核抑止

1447 核抑止能力

1448 核抑止力

1449 核軍縮

1450 核エネルギー

1451 ☆

1452 核同等[同等性、同等関係、均衡]

1453 平和的目的のための核爆発、平和目的核爆発

1454 核爆発装置

1455 ☆

1456 核戦力、核兵力

1457 核燃料

1458 核燃料サイクル

1459 核(偶発)事故

1460 核施設

1461 核物質

1462 ☆

1463 ☆

1464 核中立(政策)

1465 核不拡散、核拡散防止

1466 核兵器備蓄

1467 核同等[同格、対等](関係)

1468 ☆

1469 核汚染

1470 核(兵器)大国

1471 原子力、核エネルギー

1472 核拡散

1473 原子炉

1474 原子力船［艦］

1475 核兵器国、核保有国 ＊1504参照

1476 核備蓄

1477 核打撃部隊、核攻撃部隊

1478 原子力潜水艦

1479 核優位、核兵器における優位［優越］

1480 核技術

1481 核実験

1482 核威嚇

1483 核の傘

1484 ☆

1485 核戦争［戦闘］

1486 核弾頭

1487 ☆

1488 核兵器

1489 ☆

1490 ☆

1491 ☆

1492 核兵器 ＊集合的に核兵器類をいうとき

1493 ☆

1494 核出力、核爆発力

1495 攻撃型原子力潜水艦

1496 弾道ミサイル(搭載)原子力潜水艦

1497 巡航ミサイル(搭載)原子力潜水艦

1499 対潜攻撃用原子力潜水艦

1500 ☆

1501 ☆

1502 核兵器事故

1503 核(兵器)大国

1504 核兵器国 *いわゆる「核兵器保有国」のことを、国際法用語ではこう呼ぶ。
1413 参照

1505 核兵器体系

1506 核兵器実験

1507 核兵器実験禁止

1508 核兵器爆発実験

1509 非核兵器地帯[地域]、核兵器禁止地帯[地域]

1510 ☆

1511 核兵器

1512 ☆

1513 ☆

1514 目標地域

1515 斜角航空写真、斜空中写真

1516 秘匿信号

1517 ☆

1518 ☆

1519 占領

1520 攻撃用軍備[武装]

1521 攻撃用軍備体系

1522 攻撃用ミサイル体系

1523 攻撃用戦略兵器制限、戦略攻撃兵器制限

1524 攻撃用戦略核兵器運搬システム

1525 ☆

1526 (目標地点とゼロ地点の)離隔距離

1527 要求に応じて(攻撃される目標等)

1528 一方的軍事的優位

1529 ☆

1530 立ち上がり時間、反応時間

1531 現地査察

1532 現地観測[監視]

1533 現地検証

1534 ☆

1535 公開査察

1536 ☆

1537 作戦(的)...

1538 作戦行動能力

1539 ☆

1540 作戦行動範囲

1541 現用[実用]ミサイル

1542 作戦任務

1543 現用[実用]核兵器

1544 作戦即応態勢

1545 作戦用サービス・補給

1546 ☆

1547 臨時飛行場

1548 臨時目標

1549 敵、敵側[方、部隊]

1550 最適爆発高度

1551 紛争の義務的解決に関する選択議定書

1552 ☆

1553 国際核燃料サイクル評価に関する組織会議

1554 浮沈機雷

1555 行動不能、戦闘力喪失...

1556 月その他の天体を含む宇宙空間の探査及び利用における国家活動を律する原則に関する条約 [略:宇宙条約]

1557　(敵の)翼側を迂回[包囲]する

1558　平和的世界における全面的かつ完全な軍縮に関する条約の基本的諸規定の外郭[輪郭、概要]

1559　前哨

1560　分遣所、分屯地

1561　飛距離超過、飛ばし過ぎ *目標以遠の弾着

1562　上空(の)飛行

1563　☆

1564　上空飛行阻止

1565　過剰殺戮能力

1566　過圧 *衝撃波や爆風の圧力が1気圧を超える場合の度合

1567　P波 *震源から地上に最初に到達する地震波

1568　紛争の平和的解決

1569　☆

1570　☆

1571　☆

1572　☆

1573　空挺部隊、落下傘部隊

1574　☆

1575　部分的軍縮措置

1576　大気圏内・宇宙空間及び水中における核兵器実験を禁止する条約 [略:部分的核実験停止条約]

1577 粒子運動

1578 部隊

1579 ☆

1580 パス ※目標への短距離・戦術的飛行または急降下による接近

1581 通行(許可)証

1582 ☆

1583 消極電子対策、消極電子妨害

1584 ☆

1585 弾道; 軌道; 飛行経路

1586 弾道効果

1587 (降下または空輸の)先導機、先導班、先導員; 航空機[ミサイル] 誘導用レーダ・

1588 (降下または空輸の)先導機、誘導機

1589 病原体

1590 放射線傷害病理学

1591 巡察(警戒); 哨戒; 偵察

1592 ☆

1593 ☆

1594 哨戒用エアクッション運搬体[ホバークラフト]

1595 哨戒艇、巡視艇

1596 ☆

1597 ☆

1598　哨戒用フリゲート

1599　哨戒艇

1600　哨戒魚雷艇

1601　哨戒用艦艇

1602　☆

1603　有効搭載量積み荷、ペイロード　※核兵器運搬手段（爆撃機やミサイル）で運ばれる弾頭及び進入支援装置、または人工衛星の観測機器及び搭乗員など

1604　☆

1605　☆

1606　☆

1607　原子力の平和的応用

1608　平和共存

1609　平和的手段

1610　平和的(目的の)核爆発

1611　平和的目的

1612　☆

1613　海底の平和的利用

1614　原子力の平和的利用

1615　平和維持

1616　平和維持活動

1617　平和愛好国

1618　最大過圧

1619 ☆

1620 防御網突破装置

1621 (部隊等の)突破[侵入]能力; (情報員等の)浸透能力; (弾丸等の)貫徹能力

1621 人当たり放射線量

1623 ☆

1624 外辺部[周辺]捕捉レーダー

1625 対人汚染除去

1626 ☆

1627 ☆

1628 人員反応時間

1629 ☆

1630 段階

1631 段階速度

1632 段階的

1633 偽地雷[機雷]原

1634 ホスゲン

1635 ☆

1636 航空写真用閃光爆弾

1637 (航空)写真標定整合、写真測量基準

1638 ☆

1639 写真探知装置

1640 写真情報

1641 写真情報収集範囲

1642 物的保全

1643 ☆

1644 トーチカ

1645 無人航空機

1646 ☆

1647 計画総計出力[爆発力]

1648 計画再補給

1649 ☆

1650 ☆

1651 小隊

1652 プルトニウム爆弾

1653 ☆

1654 地点防御

1655 地点標本[試料]抽出装置

1656 点源警報

1657 点目標

1658 固定(通信)

1659 政治的解決

1660 ☆

1661 ☆

1662 ポップアップ式地雷

1663 携帯用複式ロケット弾発射筒

1664 配置された、据え付けられた...

1665 位置決定、配置

1666 ☆

1667 ☆

1668 ☆

1669 ☆

1670 ☆

1671 pPフェーズ

1672 精測進入レーダー

1673 精密誘導兵器

1674 (移動目標の)未来位置算定器

1675 先制攻撃

1676 発射前査察

1677 仮[暫定]震央決定

1678 攻撃準備射撃

1679 非核兵器国会議準備委員会

1680 (国連)軍縮特別総会準備委員会

1681 核兵器の不拡散に関する条約[略:核拡散防止条約]当事国レビュー[再検討]会議準備委員会

1682 出動[出撃]準備

1683 事前配置[集積]する

1684 衝撃波前線

1685 防止措置、予防策

1686 予防戦争

1687 ☆

1688 捕虜収容所(区画)

1689 ☆

1690 損害確率

1691 確率誤差

1692 軍縮問題

1693 ☆

1694 軍縮の過程

1695 ☆

1696 核物質の処理

1697 ☆

1698 平和及び国際協力のためのプログラム

1699 漸進的かつ均衡のとれた撤退

1700 すべての種類の大量破壊兵器の禁止及び除去

1701 原子兵器[核兵器]の禁止

1702 発射体、放物体、弾丸 *銃弾、砲弾、手榴弾、ロケット、ミサイル等

1703 ☆

1704 拡散

1705 ☆

1706 核兵器の拡散

1707 ☆

1708 (地震波等の)伝搬 *公定学術用語。旧来の「伝播」に代わる。

1709 ☆

1710 伝搬経路 *1708参照

1711 推進剤 *弾丸の装薬、ミサイルの燃料等

1712 防護マスク

1713 1949年8月12日 のジュネーヴ諸条約に追加される国際的武力紛争の犠牲者の保護に関する議定書 [略:ジュネーヴ諸条約追加第1議定書] /武力紛争において適用される国際人道法の再確認と発展のための外交会議によって採択(第4会期、1977年6月8日)/

1714 1949年8月12日 のジュネーヴ諸条約に追加される非国際的武力紛争の犠牲者の保護に関する議定書[略:ジュネーヴ諸条約追加第2議定書] /武力紛争において適用される国際人道法の再確認と発展のための外交会議によって採択(第4会期、1977年6月8日)/

1715 窒息性ガス・毒性ガス又はこれらに類するガス及び細菌学的手段の戦争における使用の禁止に関する議定書 [略:毒ガス等の禁止に関する議定書]

1716 公海及びその上空における偶発的事故の防止に関する協定についての議定書

1717 戦略的攻撃兵器の制限についてのある種の措置に関する暫定協定についての議定書

1718 弾道ミサイル迎撃体系の制限に関する条約についての議定書

1719 地下核兵器実験の制限に関する条約についての議定書

1720 平和的目的のための地下核爆発に関する条約についての議定書

1721 心理行動

1722 心理戦(争)

1723 ☆

1724 ☆

1725 ☆

1726 パグウォッシュ会議

1727 パルス

1728 ☆

1729 追跡、追撃

1730 ☆

1731 Q波、ラブ波

1732 ☆

1733 ☆

1734 ラド ※吸収線量単位

1735 レーダー

1736 ☆

1737 レーダー・カムフラージュ

1738 レーダー・クラッター ※目標以外の物体による干渉エコー

1739 レーダー探知範囲

1740 ☆

1741 レーダー・エコー

1742 レーダー射撃

1743 空母管制進入システム用レーダー

1744 レーダー・マイル ※レーダー測定距離

1745 レーダー網

1746 レーダー・オペレーター〔操作手〕

1747 レーダー・ピケット

1748 レーダー・ピケット航空機

1749 レーダー・ピケット駆逐艦

1750 レーダー指令誘導

1751 放射線

1752 ☆

1753 放射線発癌(現象)

1754 放射線計測法

1755 放射線傷害

1756 ☆

1757 放射線量

1758 ☆

1759 放射線量率

1760 ☆

1761 放射線被曝、放射線照射

1762 放射線強度

1763 放射線レベル

1764 放射線散乱

1765 放射線宿酔

1766 放射線誘発体細胞突然変異

1767 耐放射線性住民[人口]

1768 無線探知

1769 放射性[放射能]剤

1770 放射性大気

1771 放射能汚染

1772 放射能効果

1773 放射性物質降下；放射性降下物

1774 ☆

1775 放射性同位元素

1776 放射性生成物[産物]又は廃棄物

1777 放射能

1778 ☆

1779 放射能濃度指標

1780 放射線(学的)防護[防御]

1781 放射線(の；学的)危険性

1782 放射線(学的)戦争[戦闘]方法

1783 放射線(学的)モニター[監視]

1784 放射線(学的)作戦

1785 放射線(学的)戦争[戦闘]

1786 放射性核種

1787 ☆

1788 安全半径

1789 レーダー防護用ドーム

1790 襲撃

1791 ☆

1792 レーンアウト ※雨によって降下する大気中の放射性物質

1793 ☆

1794 距離; 射程; 航続距離; 射撃場

1795 ☆

1796 射距離確率誤差

1797 距離計、距離測定器、測距器

1798 距離測定

1799 距離分解能

1800 ☆

1801 ☆

1802 発射速度[弾数]

1803 ☆

1804 レイリー波、R波

1805 ☆

1806 原子炉

1807 ☆

1808 ☆

1809 再軍備、再武装

1810 (敵味方)識別レーダー

1811 無反動砲

1812 無反動銃〔砲〕

1813 無反動火器

1814 無反動火器射撃

1815 偵察

1816 ☆

1817 偵察衛星

1818 ☆

1819 回収(作業用)戦車

1820 軍事予算の縮小〔削減〕

1821 戦略核兵器の削減

1822 ☆

1823 再突入運搬手段

1824 ☆

1825 軍備規制

1826 生物学的比較効力〔効果比〕

1827 緊張緩和

1828 エネルギーの放出

1829 ☆

1830 救援、交代

1831 救援[交代]部隊

1832 交代パトロール[巡視、哨戒]

1833 遠隔制御[操作、操縦]

1834 遠隔探知

1835 (爆発兵器処理の)安全確保技術

1836 ☆

1837 修理作業船

1838 リピーター・ジャマー ※欺瞞・妨害用再送受信装置

1839 補充、交替

1840 補給船

1841 予備(隊); 予備役(人員)

1842 予備落下傘

1843 残留汚染

1844 残留放射線

1845 ☆

1846 ☆

1847 原子力損害に対する民事責任に関するウィーン条約の適用からの少量の核物質の除外についての最大限度の設定に関する理事会決議 *1443参照

1848 呼吸器刺激剤

1849 応答、反応、対応

1850 ☆

1851 応答特性

1852 (地震計の)共振曲線

1853 ☆

1854 ☆

1855 報復

1856 ☆

1857 報復戦力

1858 回復[復帰]可能廃疾[身体障害]

1859 生物兵器条約当事国レビュー[再検討]会議

1860 海底条約当事国レビュー [再検討]会議

1861 核兵器の不拡散に関する条約[略:核拡散防止条約]当事国レビュー[再検討]会議

1862 核兵器及び他の大量破壊兵器の海底における設置の禁止に関する条約 [略:海底非軍事化条約]当事国レビュー[再検討]会議

1863 革命戦争

1864 リケッチア ※細菌とウイルスの中間大の微生物

1865 施条[施線]火器、ライフル銃、小銃

1866 ☆

1867 小銃弾

1868 小銃射撃

1869 小銃擲弾

1870 小銃擲弾発射筒

1871 小銃射撃；小銃弾

1872 施条[施線]迫撃砲

1873 集団的自衛権

1874 個別的自衛権

1875 通航権

1876 自衛権

1877 暴動[暴徒]鎮圧剤

1878 核汚染の危険

1879 戦争の危険

1880 河川哨戒[巡視]艇

1881 ☆

1882 ロケット

1883 ☆

1884 ロケット・エンジン

1885 ロケット攻撃[発射]

1886 ロケット発射筒[発射器、発射台]

1887 ☆

1888 ロケット斉射[一斉射撃]

1889 ロケット機

1890 レントゲン

1891 回転翼機

1892 射撃1回、1発

1893 ☆

1894 弾薬...発

1895 定常[日常、定期]探知

1896 ☆

1897 S波

1898 S波-P波(時間差)

1899 ☆

1900 送弾筒

1901 ☆

1902 安全爆発高度

1903 ☆

1904 核(兵器)拡散防止保障措置

1905 保障措置制度

1906 ☆

1907 ☆

1908 ☆

1909 ☆

1910 SALT諸協定、(米ソ)戦略兵器制限(交渉)諸協定

1911 SALT I、第1次(米ソ) 戦略兵器制限交渉

1912 SALT交渉、(米ソ) 戦略兵器制限交渉

1913 放射能強化核兵器

1914 ☆

1915 ☆

1916 標本[試料]抽出

1917 ☆

1918 ☆

1919 ☆

1920 衛星偵察

1921 集中攻撃

1922 集中爆撃

1923 ☆

1924 作戦規模

1925 走査

1926 破片爆弾

1927 ☆

1928 弾着散布範囲

1929 散布式(爆弾)

1930 軽装甲偵察車

1931 偵察機

1932 ☆

1933 緊急発進

1934 ☆

1935 海洋監視 *海上及び海面下を組織的に監視すること

1936 艦対空ミサイル

1937 ☆

1938 ☆

1939 海底条約、海底非軍事化条約

1940 艦艇発射弾道弾[弾道ミサイル]

1941 気密室

1942 ☆

1943 ☆

1944 沿岸警備艇

1945 沿岸防備哨戒艇

1946 沿岸哨戒艇

1947 第2世代兵器

1948 第2撃

1949 ☆

1950 第2度熱傷[火傷]

1951 第2撃能力

1952 第2撃戦略

1953 安全、安全保障

1954 ☆

1955 (国連)安全保障理事会[略:安保理事会]

1956 地震地域

1957 地震群列

1958 地震群列分析センター

1959 地震結合

1960 地震データ[資料]

1961 地震探知[検出]

1962 地震探知[検出]器

1963 地震識別

1964 地震擾乱

1965 地震事象

1966 地震観測網

1967 地震雑音[騒音]

1968 ☆

1969 地震観測

1970 地震記録

1971 地震信号

1972 地震観測所

1973 地震観測所網

1974 地震波エネルギー

1975 地震休止期

1976 ☆

1977 地震動記録、地震記象

1978 ☆

1979 (ある地域の)地震活動度

1979 地震計

1981 地震計モニター網

1982 ☆

1983 ☆

1984 地震学的モニター

1985 ☆

1986 地震計群列観測所プロセッサー（処理装置）

1987 選択力、分離度、感度

1988 ☆

1989 自動装填ライフル銃[小銃]

1990 自走砲

1991 セミアクティブ［半能動]ホーミング誘導

1992 半自動ライフル銃[小銃]

1993 感度

1994 感知部

1995 感覚刺激剤

1996 ☆

1997 保守整備

1998 ☆

1999 ☆

2000 浅発地震

2001 指向性爆薬ロケット

2002 磁界[磁場]の剪断　*「剪断」は公定学術用語

2003 (磁界[磁場]の)剪断強さ　*公定学術用語

2004 ☆

2005 目標を砲撃する

2006 砲弾の破片

2007 砲撃

2008 ☆

2009 掩蔽[待避、避難]所[設備]

2010 シールド、盾、防盾、遮蔽[防護]物；(地震学では)盾状地

2011 シールド、遮蔽[防護](物)

2012 ☆

2013 衝撃

2014 衝撃前線

2015 衝撃波

2016 飛距離不足 ＊目標以近の弾着

2017 短期(的)

2018 短距離離着陸機

2019 短距離弾道弾[弾道ミサイル] ※射程距離500マイル（800キロメートル）以下の戦略ミサイル。1248参照

2020 ☆

2021 爆破点 ＊公定学術用語

2022 肩撃ちミサイル

2023 榴散弾

2024 ☆

2025 (腰帯)着装武器 ＊銃剣、ピストルなど

2026 ☆

2027 信号

2028 信号処理[整理、選別]

2029 信号パルス

2030 信号強度[強さ]

2031 ☆

2032 S N [信号対雑音]比

2033 サイロ ※地下のミサイル格納庫兼発射台

2034 単発ジェット練習機

2035 ☆

2036 位置、設置場所；現地、現場

2037 ☆

2038 ☆

2039 小火器、携帯火器 *小銃、ピストルなど

2040 小口径発射体(弾丸)

2041 スマート爆弾 *レーザーまたはテレビで誘導される爆弾

2042 (開戦前の)奇襲

2043 (核攻撃に対する)非防護ミサイル基地

2044 土壌枯草剤

2045 体細胞

2046 ☆

2047 ソーナー、水中音波探知・測定装置

2048 ☆

2049 高性能[高度発達、複雑精巧]兵器

2050 高性能化、高度発達、複雑精巧化

2051 東南アジア条約機構

2052 ☆

2053 ☆

2054 SP フェーズ

2055 ☆

2056 宇宙運搬手段

2057 (国連)平和維持活動特別委員会

2058 軍事予算の削減による放出資金の配分に関する特別委員会

2059 特殊核分裂性物質

2060 国連総会軍縮特別会期［略:国連軍縮特別総会］

2061 ☆

2062 ☆

2063 ☆

2064 散発的射撃

2065 点[特定小地域]汚染

2066 (地図上の)独立標高

2067 点妨害 *特定のチャンネルまたは周波数による妨害

2068 目標にスプレー攻撃を加える

2069 核兵器拡散

2070 ☆

2071 ☆

2072 ☆

2073 ☆

2074 ☆

2075 ☆

2076 ☆

2077 ☆

2078 (新作戦に先立って体制を整えるための)部隊集結地域

2079 標準偏差

2080 標準化、規格化、規格統一

2081 保障措置実施に関する常任諮問グループ

2082 常任[常設]諮問委員会

2083 兵力の現状凍結を伴う休戦

2084 照明弾

2085 発火装置、点火用爆薬

2086 点火用混合爆薬

2087 ☆

2088 戦争状態

2089 ☆

2090 ☆

2091 ☆

2092 配置する

2093 静止目標

2094 操向群列システム

2095 ☆

2096 ステンガン ※英国製の軽機関銃

2097 降下群 ※1機からの1開扉・1回分

2098 ☆

2099 ストックホルム国際平和問題研究所

2100 ☆

2101 貯蔵する、備蓄する

2102 兵器の貯蔵[備蓄]

2103 ☆

2104 貯蔵、保管

2105 核物質の貯蔵

2106 補給品輸送車[船、機]

2107 (低空飛行の機上から)地上掃射する

2108 地上掃射の1連射

2109 戦略的優位

2110 戦略空軍(司令部)

2111 戦略兵器制限

2112 ☆

2113 (米ソ) 戦略兵器制限(交渉)諸協定 [略:SALT諸協定] ＊「戦略的攻撃兵器の制限についてのある種の措置に関する暫定協定」[略:SALT I 協定]及び「戦略的攻撃兵器の制限に関する条約」[略:SALT II条約]等を含む

2114 (米ソ) 戦略兵器制限交渉 [略:SALT (交渉)]

2115 戦略的均衡

2116 戦略的兵力増強

2117 戦略戦闘用航空機

2118 戦略集結[集中]

2119 戦略構想

2120 戦略運搬手段、戦略輸送車両

2121 戦略機動力

2122 戦略核戦力

2123 戦略核同等[同格、対等](関係)

2124 戦略核優勢[優位]

2125 戦略核兵器

2126 ☆

2127 戦略核兵器体系

2128 ☆

2129 戦略攻撃用核運搬手段

2130 戦略心理戦

2131 戦略偵察機

2132 戦略的安定(状態)

2133 戦略打撃部隊

2134 戦略的優勢[優位]

2135 三元戦略核戦力、戦略核戦力の3本柱 *ICBM・SLBM・戦略爆撃機(最近はALCM)から成る

2136 ☆

2137 戦略警報

2138 戦略

2139 ☆

2140 ☆

2141 軍の戦力

2142 世界平和を強化する

2143 ☆

2144 打撃[命中]精度

2145 反撃能力

2146 ☆

2147 拠点

2148 縮射口径砲弾 *弾丸が砲の口径よりも小さい

2149 軍縮委員会小委員会

2150 核(兵器)実験停止条約に関する小委員会

2151 サブキロトン核兵器 *1キロトン以下の出力を持つ核兵器

2152 短機関銃

2153 潜水艦

2154 ☆

2155 潜水艦基地

2156 駆潜艇

2157 対潜攻撃用潜水艦、潜水艦攻撃[迎撃]潜水艦

2158 潜水艦発射弾道弾[弾道ミサイル]

2159 潜水艦発射巡航ミサイル

2160 潜水艦発射大陸間ミサイル

2161 潜水艦発射ミサイル

2162 亜音速 *音速以下の速度

2163 水中対水中ミサイル

2164 水中対水上戦略ミサイル

2165 ☆

2166 破壊活動、転覆活動

2167 ☆

2168 超大国

2169 超音速

2170 ☆

2171 補給

2172 ☆

2173 補給用落下傘

2174 補給艦[船]

2175 支援

2176 ☆

2177 ☆

2178 ☆

2179 支援部隊

2180 支援射撃

2181 ☆

2182 地上(核)爆発

2183 海上監視レーダー

2184 表面波実体波識別手段[判別式]

2185 水上艦艇

2186 表面波

2187 地[艦、水上]対空誘導兵器

2188 地[艦、水上]対空ミサイル

2189 地対艦ミサイル

2190 艦[水上]対水中ミサイル

2191 地[艦、水上]対地[艦、水上]ミサイル

2192 表面波放射

2193 外科部隊

2194 奇襲

2195 ☆

2196 ☆

2197 監視レーダー

2198 ☆

2199 生存、生き残り

2200 ☆

2201 過敏性[脆弱性]住民[民衆]

2202 核及び熱核実験の停止

2203 持続発射速度

2204 システム、体系、組織、系統

2205 ☆

2206 弾道弾[弾道ミサイル] 防御システム

2207 全身性[浸透性]効果

2208 全身性[浸透性]毒物

2209 ☆

2210 戦術的、戦術...

2211 戦術空軍、戦術航空集団

2212 戦術航空支援

2213 戦術ミサイル

2214 戦術核ミサイル

2215 戦術核兵器

2216 ☆

2217 戦術予備隊[部隊]

2218 戦術[戦闘]警報

2219 戦術兵器

2220 ☆

2221 戦車

2222 ☆

2223 戦車大隊

2224 駆逐戦車、対戦車攻撃用戦車、戦車迎撃戦車

2225 戦車射撃

2226 戦車揚陸舟艇

2227 戦車揚陸艦

2228 戦車砲撃

2229 戦車砲弾

2230 戦車中隊

2231 タンク車、給油車、タンカー、油槽船；(空中)給油機

2232 ☆

2233 目標、標的

2234 ☆

2235 目標地域

2236 目標地域砲[爆]撃

2237 目標命中(弾)

2238 目標反応

2239 目標検知追尾装置

2240 標的ロケット

2241 タスク・エアフォース、任務[機動]航空部隊、臨時作戦航空部隊

2242 任務部隊、機動部隊、支隊

2243 ☆

2244 ☆

2245 催涙ガス

2246 ☆

2247 核兵器技術

2248 ☆

2249 遠隔測定(法)

2250 遠地地震距離

2251 遠地地震探知方法

2252 ☆

2253 補給車[船、機]

2254 10か国軍縮委員会

2255 ☆

2256 ☆

2257 ☆

2258 地表ガンマ線量率

2259 領土保全

2260 ☆

2262 ☆

2263 実験爆発

2264 試射、実験的発射

2265 実験場

2266 ☆

2267 ☆

2268 ☆

2269 戦域核兵器

2270 戦域

2271 熱被曝

2272 核爆発の熱放射線

2273 自記温度計[温度記録計]探知器

2274 熱核兵器

2275 ☆

2276 武力による威嚇

2277 戦争の脅威

2278 武力による威嚇または武力の行使

2279 平和に対する脅威

2280 三次元[立体]捜索レーダー

2281 敷居、しきい値、境界[限界]域、可能性分岐点

2282 ☆

2283 ☆

2284 (核ミサイルの)投射重量

2285 発信開始時刻

2286 同時弾着射撃

2287 目標上空到着(予定)時刻

2288 遅延[時限](作動式)兵器

2289 走時曲線、時間距離曲線

2290 TNT火薬一定量相当の核出力[爆発力]

2291 短機関銃

2292 魚雷

2293 ☆

2294 魚雷艇、水雷艇

2295 魚雷回収艇

2296 魚雷発射管

2297 ☆

2298 全体戦略、国家戦略、総合戦略

2299 勤務[服務]期間

2300 曳航ソーナー

2301 毒性化学剤

2302 ☆

2303 毒性

2304 毒性決定

2305 毒物学[毒理学]的検証

2306 毒素

2307 曳光弾

2308 曳光弾

2309 航跡、航路、実際経路

2310 装軌車両

2311 追跡[追随]観測装置

2312 追跡[追随]観測

2313 追跡[追随]観測レーダー

2314 追跡[追随]観測システム

2315 ☆

2316 ☆

2317 ☆

2318 訓練

2319 訓練センター

2320 訓練期間

2320 ☆

2322 核兵器の移譲

2323 輸送船

2324 運搬起立式発射機

2325 走時、伝搬時間 *1708参照

2326 背信的兵器

2327 大気圏内・宇宙空間及び水中における核兵器実験を禁止する条約［略:部分的核実験停止条約］

2328 ☆

2329 ラテン・アメリカにおける核兵器の禁止に関する条約[略:ラテン・アメリカ非核地域条約]

2330 トラテロルコ条約

2331 月その他の天体を含む宇宙空間の探査及び利用における国家活動を律する原則に関する条約［略:宇宙条約］

2332 弾道弾迎撃ミサイル体系の制限に関する条約［略:弾道弾迎撃ミサイル制限条約、ABM条約］

2333 地下核兵器実験の制限に関する条約［略:(軍事目的)地下核実験制限条約］

2334 核兵器の不拡散に関する条約［略:核拡散防止条約］

2335 核兵器及び他の大量破壊兵器の海底における設置の禁止に関する条約［略:海底条約、海底非軍事化条約］

2336 平和的目的のための地下核爆発に関する条約［略:(平和目的)地下核爆発制限条約］

2337 (1)NATOにおける抑止の3本柱。在来戦力・戦術核戦力・戦略核戦力から成る。(2)米国の3元戦略核戦力戦略核戦力の3本柱。ICBM・SLBM・戦略爆撃機(最近はALCM)から成る

2338 ☆

2339 兵員輸送船

2340 ☆

2341 危機地域、(国際関係などの)紛争[問題]が起こりやすい地域

2342 ☆

2343 ☆

2344 ターボファン・ヘリコプター

2345 ターボジェット機

2346 ターボプロップ機

2347 双発ジェット戦闘機

2348 2段ミサイル

2349 ☆

2350 ☆

2351 最終[究極]兵器

2352 紫外線放射

2353 ☆

2354 許容し難い[容認し難い]損害

2355 非装甲兵員輸送車

2356 ☆

2357 非通常戦(闘、争)

2358 地下(核)爆発

2359 地下核(兵器)実験

2360 水中発射長距離ミサイル体系

2362 ☆

2363 水中対地[艦、水上]ミサイル

2364 洋上補給油槽船

2365 ☆

2366 ☆

2367 国連軍縮センター

2368 国連軍縮年鑑

2369 国連兵力引き離し監視軍

2370 国連キプロス平和維持軍

2371 国連科学諮問委員会

2372 国連放射線影響科学委員会

2373 国連パレスチナ休戦監視機関

2374 (他国からの)挑発によらない侵略

2375 ☆

2376 ☆

2377 目標の風上に

2378 ウラン濃縮

2379 ☆

2380 ウラン濃縮プラント[工場、設備]

2381 武力の行使、兵力の使用

2382 ☆

2383 平和的目的のための原子力の利用 [略:原子力平和利用]

2384 V剤 *毒性の強い神経ガスの1種

2385 ☆

2386 媒体、運搬体;(病原体の)媒介動物;(遺伝子操作で遺伝子を運ぶ)ベクター[運び屋]

2387 ☆

2388 運搬手段 *ミサイル、航空機、車両等を含む

2389 ☆

2390 VELA計画 *米国防総省高等研究計画局[ARPA]による

2391 ☆

2392 伝搬速度 *1708参照

2393 ☆

2394 要求による検証[査察]

2395 検証[査察]委員会

2396 検証[査察]手続き

2397 検証[査察]体制

2398 垂直的拡散 *核兵器の量的増加

2399 上下動地震計

2400 垂直離着陸機

2401 超長期実験

2402 糜爛剤

2403 ☆

2404 原子力損害に対する民事責任に関するウィーン条約 *1443参照

2405 ウラジオストク協定 *SALTに関する米ソ共同声明

2406 ☆

2407 ☆

2408 催吐剤

2409 ☆

2410 ☆

2411 脆弱性

2412 脆弱点

2413 ☆

2414 対抗兵棋演習、図上演習

2415 戦用ガス

2416 消耗戦

2417 ☆

2418 ☆

2419 弾頭

2420 警報

2421 ☆

2422 ワルシャワ条約機構　＊ワルシャワ条約の正称は、「アルバニア人民共和国・ブルガリア人民共和国・ハンガリー人民共和国・ドイツ民主主義共和国・ポーランド人民共和国・ルーマニア人民共和国・ソヴィエト社会主義共和国連邦及びチェッコスロヴァキア共和国間の友好・協力及び相互援助条約」

2423 軍艦

2424 ☆

2425 給水船

2426 波

2427 ☆

2428 ☆

2429 波形

2430 ☆

2431 兵器

2432 ☆

2433 (核)兵器の残滓[残存廃棄物]

2434 軍事用[核兵器としての利用基準適合品位の]ウラン235

2435 大量破壊兵器

2436 戦争及び大量破壊のための兵器

2437 ☆

2438 ☆

2439 ☆

2440 ☆

2441 ☆

2442 兵器体系

2443 ☆

2444 不必要の苦痛を与え又は無差別に効果を及ぼすことがある兵器

2445 黄燐

2446 有線誘導ミサイル

2447 ☆

2448 離脱行動

2449 世界軍縮会議

2450 世界標準地震観測網

2451 ☆

2452 回収(作業用)戦車

2453 ☆

2454 出力、爆発力 *核爆発で放出されるエネルギーは、一般に、同量のエネルギーの放出を発現するのに必要なTNT火薬の爆発力(キロトン又はメガトン)で換算測定される

2455 ☆

2456 地帯、地域、区域、地区

2457 ☆

2458 平和地帯[地域]

2459 マクロイ・ゾーリン協定[協約] *軍縮交渉のための基礎となるべきものとして合意に達した8原則に関する1961年の米ソ共同声明

キーワード一覧表

愛好 .... あいこう
圧縮 .... あっしゅく
穴 .... あな
安定 .... あんてい
委員会 .... いいんかい
威嚇 .... いかく
医学 .... いがく
維持 .... いじ
移譲 .... いじょう
異常 .... いじょう
位置 .... いち
一律 .... いちりつ
一括 .... いっかつ
一線 .... いっせん
一般 .... いっぱん
遺伝 .... いでん
意図 .... いと
移動 .... いどう
隠蔽 .... いんぺい
宇宙 .... うちゅう
運送 .... うんそう
運動 .... うんどう
運用 .... うんよう
影響 .... えいきょう
曳光 .... えいこう
曳航 .... えいこう
衛生 .... えいせい
衛星 .... えいせい
掩蓋 .... えんがい
遠隔 .... えんかく
沿岸 .... えんがん
円形 .... えんけい
掩護 .... えんご
演習 .... えんしゅう
援助 .... えんじょ
掩蔽 .... えんぺい
横断 .... おうだん
応答 .... おうとう
応用 .... おうよう
押し波 .... おしなみ
汚染 .... おせん
囮 .... おとり
音響 .... おんきょう
音速 .... おんそく

拡散……かくさん
確実……かくじつ
核種……かくしゅ
確証……かくしょう
拡大……かくだい
拡張……かくちょう
格納庫……かくのうこ
確保……かくほ
革命……かくめい
確率……かくりつ
過失……かしつ
火傷……かしょう
過剰……かじょう
河川……かせん
価値……かち
滑空……かっくう
滑降……かっこう
活性……かっせい
活動……かつどう
過程……かてい
可能性……かのうせい
過敏……かびん
貨物……かもつ
火力……かりょく
枯草……かれくさ
枯葉……かれは
感覚……かんかく
管轄……かんかつ
環境……かんきょう
関係……かんけい
間隙……かんげき
換算……かんさん
監視……かんし
艦首……かんしゅ
干渉……かんしょう
管制……かんせい
慣性……かんせい
感染……かんせん
完全……かんぜん
艦船……かんせん
乾燥……かんそう
観測……かんそく

艦隊……………………………………………………かんたい
感知……………………………………………………かんち
貫徹……………………………………………………かんてつ
感度……………………………………………………かんど
管理……………………………………………………かんり
緩和……………………………………………………かんわ
偽………………………………………………………ぎ
気化……………………………………………………きか
機械……………………………………………………きかい
規格……………………………………………………きかく
機関……………………………………………………きかん
危機……………………………………………………きき
危険……………………………………………………きけん
気候……………………………………………………きこう
機構……………………………………………………きこう
器材……………………………………………………きざい
奇襲……………………………………………………きしゅう
技術……………………………………………………ぎじゅつ
基準……………………………………………………きじゅん
気象……………………………………………………きしょう
規制……………………………………………………きせい
規則……………………………………………………きそく
基地……………………………………………………きち
議定書…………………………………………………ぎていしょ
軌道……………………………………………………きどう
機動……………………………………………………きどう
欺騙……………………………………………………ぎへん
規模……………………………………………………きぼ
基本……………………………………………………きほん
欺瞞……………………………………………………ぎまん
気密……………………………………………………きみつ
義務……………………………………………………ぎむ
救援……………………………………………………きゅうえん
究極……………………………………………………きゅうきょく
休止……………………………………………………きゅうし
吸収……………………………………………………きゅうしゅう
救助……………………………………………………きゅうじょ
給水……………………………………………………きゅうすい
休戦……………………………………………………きゅうせん
脅威……………………………………………………きょうい
強化……………………………………………………きょうか
境界……………………………………………………きょうかい

強襲……………………………………………………きょうしゅう
共振……………………………………………………きょうしん
強制……………………………………………………きょうせい
競争……………………………………………………きょうそう
共存……………………………………………………きょうぞん
協定……………………………………………………きょうてい
強度……………………………………………………きょうど
共同……………………………………………………きょうどう
橋頭堡…………………………………………………きょうとう
業務……………………………………………………ぎょうむ
協約……………………………………………………きょうやく
協力……………………………………………………きょうりょ
許可……………………………………………………きょか
曲射……………………………………………………きょくしゃ
曲線……………………………………………………きょくせん
局地……………………………………………………きょくち
拠点……………………………………………………きょてん
拒馬……………………………………………………きょば
魚雷……………………………………………………ぎょらい
距離……………………………………………………きょり
機雷……………………………………………………きらい
記録……………………………………………………きろく
緊急……………………………………………………きんきゅう
均衡……………………………………………………きんこう
禁止……………………………………………………きんし
近接……………………………………………………きんせつ
緊張……………………………………………………きんちょう
勤務……………………………………………………きんむ
緊要……………………………………………………きんよう
空域……………………………………………………くういき
空気……………………………………………………くうき
空軍……………………………………………………くうぐん
空中……………………………………………………くうちゅう
空挺……………………………………………………くうてい
偶発……………………………………………………ぐうはつ
空母……………………………………………………くうぼ
空輸……………………………………………………くうゆ
空力……………………………………………………くうりき
駆逐艦…………………………………………………くちくかん
苦痛……………………………………………………くつう
軍………………………………………………………ぐん

群……………………………………………………ぐん
軍艦……………………………………………………ぐんかん
軍事……………………………………………………ぐんじ
軍需……………………………………………………ぐんじゅ
軍縮……………………………………………………ぐんしゅく
軍隊……………………………………………………ぐんたい
軍備……………………………………………………ぐんび
群列……………………………………………………ぐんれつ
訓練……………………………………………………くんれん
警戒……………………………………………………けいかい
計画……………………………………………………けいかく
計器……………………………………………………けいき
迎撃……………………………………………………げいげき
経済……………………………………………………けいざい
計数……………………………………………………けいすう
軽微……………………………………………………けいび
警備……………………………………………………けいび
警報……………………………………………………けいほう
経路……………………………………………………けいろ
外科……………………………………………………げか
激化……………………………………………………げきか
撃滅……………………………………………………げきめつ
結合……………………………………………………けつごう
決定……………………………………………………けってい
現役……………………………………………………げんえき
限界域…………………………………………………げんかいいき
研究……………………………………………………けんきゅう
減結合…………………………………………………げんけつごう
健康……………………………………………………けんこう
原子……………………………………………………げんし
厳重……………………………………………………げんじゅう
検出……………………………………………………けんしゅつ
検証……………………………………………………けんしょう
憲章……………………………………………………けんしょう
現象……………………………………………………げんしょう
減衰……………………………………………………げんすい
牽制……………………………………………………けんせい
原則……………………………………………………げんそく
現存……………………………………………………げんそん
検知……………………………………………………けんち
現地……………………………………………………げんち
検定……………………………………………………けんてい

限度……………………げんど
検討……………………けんとう
原爆……………………げんばく
検問……………………けんもん
現有……………………げんゆう
現用……………………げんよう
壕……………………ごう
行為……………………こうい
高域……………………こういき
効果……………………こうか
降下……………………こうか
公海……………………こうかい
公開……………………こうかい
工学……………………こうがく
硬岩……………………こうがん
工業……………………こうぎょう
航空……………………こうくう
口径……………………こうけい
攻撃……………………こうげき
交互……………………こうご
交差……………………こうさ
公算……………………こうさん
行使……………………こうし
高射……………………こうしゃ
交渉……………………こうしょう
工廠……………………こうしょう
工場……………………こうじょう
校正……………………こうせい
航跡……………………こうせき
交戦……………………こうせん
光線……………………こうせん
構想……………………こうそう
高速……………………こうそく
交代、交替……………………こうたい
構築……………………こうちく
高度……………………こうど
高等……………………こうとう
行動……………………こうどう
合同……………………ごうどう
工兵……………………こうへい
後方……………………こうほう
考慮……………………こうりょ

航路……………………………………………………こうろ
護衛……………………………………………………ごえい
小型……………………………………………………こがた
呼吸……………………………………………………こきゅう
国際……………………………………………………こくさい
国防……………………………………………………こくぼう
穀類……………………………………………………こくるい
国連……………………………………………………こくれん
誤差……………………………………………………ごさ
枯死……………………………………………………こし
故障……………………………………………………こしょう
固定……………………………………………………こてい
誤認……………………………………………………ごにん
混合……………………………………………………こんごう
混成……………………………………………………こんせい
剤………………………………………………………ざい
災害……………………………………………………さいがい
細菌……………………………………………………さいきん
在空……………………………………………………ざいくう
最終……………………………………………………さいしゅう
最適……………………………………………………さいてき
催吐……………………………………………………さいと
細胞……………………………………………………さいぼう
在来……………………………………………………ざいらい
催涙……………………………………………………さいるい
削減……………………………………………………さくげん
作戦……………………………………………………さくせん
索敵……………………………………………………さくてき
裂け目…………………………………………………さけめ
査察……………………………………………………ささつ
雑音……………………………………………………ざつおん
殺戮……………………………………………………さつりく
作動……………………………………………………さどう
差別……………………………………………………さべつ
産業……………………………………………………さんぎょう
残渣……………………………………………………ざんさ
算定……………………………………………………さんてい
暫定……………………………………………………ざんてい
散布……………………………………………………さんぷ
産物……………………………………………………さんぶつ
参謀……………………………………………………さんぼう
散乱……………………………………………………さんらん

残留..........ざんりゅう
自衛..........じえい
支援..........しえん
磁界..........じかい
紫外線..........しがいせん
資格..........しかく
仕掛け..........しかけ
時間..........じかん
指揮..........しき
識別..........しきべつ
持久..........じきゅう
刺激..........しげき
試験..........しけん
資源..........しげん
事故..........じこ
指向..........しこう
試射..........ししゃ
支出..........ししゅつ
施条..........しじょう
事象..........じしょう
地震..........じしん
施設..........しせつ
自然..........しぜん
自走..........じそう
持続..........じぞく
事態..........じたい
実験..........じっけん
実効..........じっこう
実施..........じっし
実体..........じったい
実働..........じつどう
始動..........しどう
自動..........じどう
磁場..........じば
指標..........しひょう
諮問..........しもん
社会..........しゃかい
射撃..........しゃげき
写真..........しゃしん
遮蔽..........しゃへい
車両..........しゃりょう
自由..........じゆう

周期……しゅうき
襲撃……しゅうげき
集結……しゅうけつ
集合……しゅうごう
銃座……じゅうざ
十字……じゅうじ
収集……しゅうしゅう
縦深……じゅうしん
修正……しゅうせい
集積……しゅうせき
集束……しゅうそく
集団……しゅうだん
銃弾……じゅうだん
集中……しゅうちゅう
舟艇……しゅうてい
柔軟……じゅうなん
重砲……じゅうほう
周密……しゅうみつ
住民……じゅうみん
収容……しゅうよう
修理……しゅうり
縮小……しゅくしょう
宿酔……しゅくすい
主権……しゅけん
受諾……じゅだく
手段……しゅだん
出撃……しゅつげき
出動……しゅつどう
出力……しゅつりょく
種類……しゅるい
巡航……じゅんこう
巡視……じゅんし
準備……じゅんび
巡洋艦……じゅんようかん
使用……しよう
焼夷……しょうい
哨戒……しょうかい
傷害……しょうがい
消去……しょうきょ
消極……しょうきょく
上空……じょうくう

衝撃……しょうげき
上限……じょうげん
照射……しょうしゃ
傷者……しょうしゃ
状態……じょうたい
衝突……しょうとつ
情報……じょうほう
照明……しょうめい
消耗……しょうもう
条約……じょうやく
擾乱……じょうらん
上陸……じょうりく
除外……じょがい
初期……しょき
除去……じょきょ
所在……しょざい
初速……しょそく
初度……しょど
初動……しょどう
除毒……じょどく
初発……しょはつ
処理……しょり
地雷……じらい
試料……しりょう
指令……しれい
人員……じんいん
震央……しんおう
信管……しんかん
神経……しんけい
震源……しんげん
腎臓……じんぞう
陣地……じんち
浸透……しんとう
振動……しんどう
人道……じんどう
侵入……しんにゅう
進入……しんにゅう
侵犯……しんぱん
振幅……しんぷく
進歩……しんぽ
信頼……しんらい

心理..........しんり
侵略..........しんりゃく
人類..........じんるい
水域..........すいいき
水準..........すいじゅん
推進..........すいしん
水素..........すいそ
垂直..........すいちょく
水爆..........すいばく
水平..........すいへい
据え付け..........すえつけ
図上..........ずじょう
制御..........せいぎょ
制圧..........せいあつ
正規..........せいき
制限..........せいげん
精巧..........せいこう
整合..........せいごう
生産..........せいさん
静止..........せいし
政治..........せいじ
斉射..........せいしゃ
脆弱(性、点)..........ぜいじゃく
(せい、てん
生成..........せいせい
清掃..........せいそう
製造..........せいぞう
精測..........せいそく
生存(者)..........せいぞん(し
制度..........せいど
精度..........せいど
性能..........せいのう
整備..........せいび
政府..........せいふ
生物(学)..........せいぶつ(が
成分..........せいぶん
精密..........せいみつ
世界..........せかい
赤外線..........せきがいせん
積載(機)..........せきさい(き)
赤十字..........せきじゅうじ
責任..........せきにん

積極……せっきょく

接触……せっしょく

接続……せつぞく

絶対……ぜったい

瀬戸際……せとぎわ

戦域……せんいき

戦艦……せんかん

宣言……せんげん

閃光……せんこう

戦時……せんじ

戦車……せんしゃ

戦術……せんじゅつ

前哨……ぜんしょう

戦場……せんじょう

染色体……せんしょくたい

前進……ぜんしん

全身性……ぜんしんせい

漸進的……ぜんしんてき

潜水(艦)……せんすい(か

先制……せんせい

前線……ぜんせん

戦争……せんそう

選択……せんたく

先端……せんたん

剪段……せんだん

戦地……せんち

戦中……せんちゅう

全天候……ぜんてんこう

戦闘……せんとう

先導(員、機、班)……せんどう(いき、はん)

潜入……せんにゅう

浅発……せんぱつ

前方……ぜんぽう

殲滅……せんめつ

全面……ぜんめん

専門家……せんもんか

戦用……せんよう

戦略……せんりゃく

線量……せんりょう

戦力……せんりょく

戦列……せんれつ
掃海……そうかい
送還……そうかん
早期……そうき
装軌……そうき
増強……ぞうきょう
遭遇……そうぐう
総計……そうけい
相互……そうご
装甲……そうこう
操向……そうこう
走査……そうさ
操作……そうさ
捜索……そうさく
喪失……そうしつ
操縦……そうじゅう
総省……そうしょう
増殖……ぞうしょく
装置……そうち
装塡……そうてん
相当……そうとう
掃討……そうとう
装備……そうび
装薬……そうやく
阻害……そがい
測定……そくてい
側面……そくめん
阻止……そし
組織……そしき
措置……そち
即効……そっこう
測高……そっこう
損害……そんがい
待遇……たいぐう
対決……たいけつ
対立……たいりつ
打撃……だげき
多源……たげん
多重……たじゅう
多数……たすう
探知……たんち
地域……ちいき

遅延……ちえん
地下……ちか
地区……ちく
地形……ちけい
致死(作用、性、量、力)……ちし(さよう せい、りょう りょく)
地上……ちじょう
地帯……ちたい
遅滞……ちたい
地対艦……ちたいかん
地対空……ちたいくう
地対水上……ちたいすい じょう
地対地……ちたいち
窒素……ちっそ
窒息(性)……ちっそく(せ
地点……ちてん
遅発……ちはつ
地表……ちひょう
着発……ちゃくはつ
着陸……ちゃくりく
中央……ちゅうおう
中型……ちゅうがた
中止……ちゅうし
抽出……ちゅうしゅ
中心……ちゅうしん
中性子……ちゅうせいし
中立……ちゅうりつ
超……ちょう
超過……ちょうか
長期……ちょうき
調査……ちょうさ
徴集……ちょうしゅ
挑発……ちょうはつ
諜報……ちょうほう
直掩……ちょくえん
直撃……ちょくげき
直接……ちょくせつ
直通……ちょくつう
貯蔵……ちょぞう
直下……ちょっか

鎮圧……………………………………………ちんあつ
追加……………………………………………ついか
追撃……………………………………………ついげき
追随……………………………………………ついずい
追跡……………………………………………ついせき
追尾……………………………………………ついび
通航……………………………………………つうこう
通行(証)………………………………………つうこう(しょう)
通常……………………………………………つうじょう
通信……………………………………………つうしん
通報……………………………………………つうほう
積み荷…………………………………………つみに
低(域、結合)…………………………………てい(いき、けつごう)
定期……………………………………………ていき
低減……………………………………………ていげん
抵抗……………………………………………ていこう
偵察……………………………………………ていさつ
停止……………………………………………ていし
定常……………………………………………ていじょう
停泊……………………………………………ていはく
敵………………………………………………てき
適合……………………………………………てきごう
適切……………………………………………てきせつ
敵対(的)………………………………………てきたい(てき
擲弾……………………………………………てきだん
適用……………………………………………てきよう
撤去……………………………………………てっきょ
撤退……………………………………………てったい
点火……………………………………………てんか
展開……………………………………………てんかい
電気……………………………………………でんき
電撃戦…………………………………………でんげきせん
点源……………………………………………てんげん
電子……………………………………………でんし
電磁波…………………………………………でんじは
天体……………………………………………てんたい
伝播……………………………………………でんぱ
伝搬……………………………………………でんぱん
転覆……………………………………………てんぷく
同位(元素)……………………………………どうい(げんそ)

統一……………………………………………………………とういつ
動員……………………………………………………………どういん
投下……………………………………………………………とうか
等価……………………………………………………………とうか
等強線…………………………………………………………とうきょうせん
凍結……………………………………………………………とうけつ
搭載……………………………………………………………とうさい
当事国…………………………………………………………とうじこく
投射……………………………………………………………とうしゃ
搭乗員…………………………………………………………とうじょういん
統制……………………………………………………………とうせい
投弾……………………………………………………………とうだん
到着……………………………………………………………とうちゃく
同等……………………………………………………………どうとう
同盟(国)………………………………………………………どうめい(こ
同量……………………………………………………………どうりょう
渡河……………………………………………………………とか
独自……………………………………………………………どくじ
特殊……………………………………………………………とくしゅ
毒素……………………………………………………………どくそ
特定……………………………………………………………とくてい
特別……………………………………………………………とくべつ
独立(的)………………………………………………………どくりつ(て
都市……………………………………………………………とし
閉じ込め………………………………………………………とじこめ
土壌……………………………………………………………どじょう
突然……………………………………………………………とつぜん
突入……………………………………………………………とつにゅう
突破……………………………………………………………とっぱ
突発……………………………………………………………とっぱつ
努力……………………………………………………………どりょく
動力……………………………………………………………どりょく
内向……………………………………………………………ないこう
内部……………………………………………………………ないぶ
南極……………………………………………………………なんきょく
難船者…………………………………………………………なんせんしゃ
日常……………………………………………………………にちじょう
入隊……………………………………………………………にゅうたい
任務……………………………………………………………にんむ

熱傷……………………………………ねつしょう
年鑑……………………………………ねんかん
燃料……………………………………ねんりょう
濃化……………………………………のうか
濃縮……………………………………のうしゅく
濃度……………………………………のうど
能動……………………………………のうどう
能力……………………………………のうりょく
乗っ取り………………………………のっとり
波(動)…………………………………は(どう)
肺………………………………………はい
媒介……………………………………ばいかい
廃棄……………………………………はいき
廃疾……………………………………はいしつ
媒質……………………………………ばいしつ
背信(的)………………………………はいしん(てき
媒体……………………………………ばいたい
配置……………………………………はいち
売買……………………………………ばいばい
配備……………………………………はいび
配分……………………………………はいぶん
倍率……………………………………ばいりつ
破壊……………………………………はかい
破局……………………………………はきょく
爆撃(機)………………………………ばくげき(き)
迫撃……………………………………はくげき
爆破……………………………………ばくは
爆風……………………………………ばくふう
爆薬……………………………………ばくやく
幕僚……………………………………ばくりょう
派遣……………………………………はけん
破砕……………………………………はさい
発火……………………………………はっか
発癌……………………………………はつがん
発現……………………………………はつげん
発射(機)………………………………はっしゃ(き)
発信……………………………………はっしん
発進……………………………………はっしん
発展……………………………………はってん
発動……………………………………はつどう
発病(性)………………………………はつびょう(せい)

破片……はへん
破裂……はれつ
班……はん
範囲……はんい
半径……はんけい
反撃……はんげき
半減期……はんげんき
半数……はんすう
反動……はんどう
犯人……はんにん
反応……はんのう
販売……はんばい
判別……はんべつ
反乱……はんらん
比較……ひかく
非核……ひかく
引き離し……ひきはなし
飛距離……ひきょり
微光……びこう
飛行(場)……ひこう(じ
非集中……ひしゅう
ちゅう
飛翔……ひしょう
非常……ひじょう
微生物……びせいぶ
非耐圧性……ひたいあ
せい
被弾……ひだん
微地殻振動……びちかくし
どう
備蓄……びちく
必中界……ひっちゅ
かい
必要……ひつよう
秘匿……ひとく
避難……ひなん
被爆……ひばく
被曝……ひばく
秘密……ひみつ
評価……ひょうか
病原……びょうげ

標高……ひょうこう
標準(化)……ひょうじゅん(か)
標定……ひょうてい
標的……ひょうてき
標本……ひょうほん
表面波……ひょうめんは
病理学……びょうりがく
微粒子……びりゅうし
品位……ひんい
封印……ふういん
風向図……ふうこうず
封止……ふうし
封じ込め……ふうじこめ
不拡散……ふかくさん
不可侵……ふかしん
不均衡……ふきんこう
復員……ふくいん
複雑……ふくざつ
福祉……ふくし
副次的……ふくじてき
服務……ふくむ
不侵略……ふしんりゃく
付随的……ふずいてき
不正規……ふせいき
敷設……ふせつ
武装……ぶそう
部隊……ぶたい
付置……ふち
浮沈……ふちん
副官……ふっかん
復帰……ふっき
物質……ぶっしつ
物的……ぶってき
沸騰……ふっとう
不能……ふのう
不必要……ふひつよう
部分……ぶぶん
浮遊……ふゆう
武力……ぶりょく
分解能……ぶんかいの

分岐点..........ぶんきてん
分遣隊..........ぶんけんたい
文書..........ぶんしょ
分析..........ぶんせき
紛争..........ふんそう
分屯地..........ぶんとんち
分配..........ぶんぱい
分布..........ぶんぷ
文民..........ぶんみん
分野..........ぶんや
分離度..........ぶんりど
分裂..........ぶんれつ
兵科..........へいか
兵棋..........へいき
兵器..........へいき
兵籍..........へいせき
閉塞..........へいそく
兵力..........へいりょく
平和..........へいわ
変異..........へんい
変化..........へんか
返還..........へんかん
偏差..........へんさ
編成..........へんせい
編入..........へんにゅう
砲..........ほう
方位..........ほうい
包囲..........ほうい
防衛..........ぼうえい
砲火..........ほうか
砲架..........ほうか
崩壊..........ほうかい
妨害..........ぼうがい
包括..........ほうかつ
砲艦..........ほうかん
防御..........ぼうぎょ
防空..........ぼうくう
砲撃..........ほうげき
防護..........ぼうご
報告書..........ほうこくしょ
砲座..........ほうざ
方策..........ほうさく

防止……ぼうし
放射(性、線、能)……ほうしゃ(せい、せん、のう)
傍受……ぼうじゅ
放出……ほうしゅつ
防盾……ぼうじゅん
砲弾……ほうだん
暴徒……ぼうと
暴動……ぼうどう
防毒……ぼうどく
報復……ほうふく
放物体……ほうぶつたい
砲兵……ほうへい
方法……ほうほう
方面……ほうめん
法律……ほうりつ
砲列……ほうれつ
保管……ほかん
母艦……ぼかん
補給……ほきゅう
保護……ほご
補充……ほじゅう
保障……ほしょう
保全……ほぜん
捕捉……ほそく
保有(国)……ほゆう(こく)
捕虜……ほりょ
見直し……みなおし
脈動(音、雑音)……みゃくどう(おん、ざつおん)
未来……みらい
民間……みんかん
民事……みんじ
民衆……みんしゅう
無差別……むさべつ
無視し得る……むししうる
無人……むじん
無能力……むのうりょく
無反動……むはんどう
無力化……むりょくか

命中……めいちゅう
名目……めいもく
目盛り……めもり
網……もう
盲目……もうもく
目的……もくてき
目標……もくひょう
問題……もんだい
野外……やがい
役割……やくわり
優位……ゆうい
有意義……ゆういぎ
優越……ゆうえつ
遊撃……ゆうげき
友好……ゆうこう
融合……ゆうごう
有効……ゆうこう
有事……ゆうじ
有資格……ゆうしかく
有人……ゆうじん
優勢……ゆうせい
有線……ゆうせん
誘導……ゆうどう
誘発……ゆうはつ
行方不明……ゆくえふめい
輸出(入)……ゆしゅつ(にゅう)
輸送……ゆそう
輸送車……ゆそうしゃ
輸送船……ゆそうせん
油槽船……ゆそうせん
要員……よういん
要撃……ようげき
要請……ようせい
腰帯……ようたい
要点……ようてん
用途……ようと
容認……ようにん
揚陸……ようりく
揚力……ようりょく
抑止……よくし

翼側……………………………………………よくそく
予算……………………………………………よさん
予備……………………………………………よび
予防……………………………………………よぼう
余裕……………………………………………よゆう
落葉剤…………………………………………らくようざい
落下傘…………………………………………らっかさん
利益……………………………………………りえき
離隔……………………………………………りかく
陸軍……………………………………………りくぐん
陸上……………………………………………りくじょう
理事会…………………………………………りじかい
離脱……………………………………………りだつ
離着陸…………………………………………りちゃくりく
律する…………………………………………りっする
粒子……………………………………………りゅうし
榴弾……………………………………………りゅうだん
量………………………………………………りょう
利用……………………………………………りよう
領海……………………………………………りょうかい
了解……………………………………………りょうかい
領空……………………………………………りょうくう
領土……………………………………………りょうど
両立……………………………………………りょうりつ
離陸……………………………………………りりく
輪郭……………………………………………りんかく
臨時……………………………………………りんじ
冷戦……………………………………………れいせん
冷態……………………………………………れいたい
連合……………………………………………れんごう
連射……………………………………………れんしゃ
連邦……………………………………………れんぽう
連絡……………………………………………れんらく
割り当て………………………………………わりあて

索　　引

www.ingramcontent.com/pod-product-compliance
Lightning Source LLC
LaVergne TN
LVHW042241300926
849161LV00003B/424